R

52850

L'UNION OUVRIÈRE.

Ouvrages du même auteur.

—

PÉRÉGRINATIONS D'UNE PARIA, voyage au Pérou,
tableau de mœurs péruviennes. 2 vol. in-8.   15 fr.

MÉPHIS ou LE PROLÉTAIRE, roman philosophique
et social, 2 vol. in-8.   15 fr.

PROMENADES DANS LONDRES, 1 vol. in-8.   7 fr. 50 c.

— Nouvelle édition populaire.   2 fr.

Pour paraître prochainement.

LE PASSÉ ET L'AVENIR, dessin théogonique avec un
texte explicatif.

DE L'ÉMANCIPATION DE LA FEMME, avec cette épi-
graphe :

> Les progrès sociaux et changements de périodes s'opè-
> rent en raison du progrès des femmes vers la liberté, et les
> décadences d'ordre social s'opèrent en raison de la décrois-
> sance de la liberté des femmes.... En résumé, *l'extension
> des priviléges des femmes est le principe général de tous
> progrès sociaux.*
>   FOURIER.

UNION OUVRIÈRE.

PAR

Mᵐᵉ Flora Tristan.

Aujourd'hui, le travailleur crée tout, fait tout, produit tout, et cependant il n'a aucun droit, ne possède rien, absolument rien.

(ADOLPHE BOYER.)

Ouvriers, vous êtes faibles et malheureux parce que vous êtes divisés. – Unissez-vous. – L'UNION fait la force.

(PROVERBE.)

DEUXIÈME ÉDITION,

CONTENANT UN CHANT ;

LA MARSEILLAISE DE L'ATELIER,

Mise en musique

PAR A. THYS.

PARIS,

CHEZ TOUS LES LIBRAIRES.

1844

LA DEUXIÈME ÉDITION.

Le livre de l'UNION-OUVRIÈRE ayant été imprimé à l'aide d'une coopération apportée à l'idée par un grand nombre de personnes, je dois, comme d'ailleurs j'en ai pris l'engagement, rendre un compte exact de tout ce qui s'est fait moralement et pécuniairement, au point de vue de l'œuvre, depuis la publication de la première édition.

Les principes et les idées émis dans le petit livre de l'UNION-OUVRIÈRE ont produit sur l'esprit des ouvriers *intelligents* une impression beaucoup plus profonde que moi-même je n'avais lieu de l'espérer. — Je vais raconter simplement les faits, laissant au lecteur à juger d'après les résultats obtenus. — Il verra combien les ouvriers, en apparence plongés dans une torpeur touchant de près à la mort, sont susceptibles pourtant de s'*éveiller tout-à-coup* lorsqu'on vient leur parler au nom de *leurs intérêts réels*, de leurs *droits*

1

essentiels et de leur *dignité d'hommes libres* comme *citoyens et frères.*

Le petit livre fut mis en vente le 1er juin 1843. — J'en envoyai à toutes les sociétés de compagnonnage des divers devoirs et à celles des *sociétaires de l'Union* (1). — Je fis distribuer dans les grands ateliers de

---

(1) Voici la lettre que je leur adressai :

Messieurs,

Je vous envoie par la poste un exemplaire du petit livre de l'UNION-OUVRIERE, et je viens vous prier de vouloir bien lire, discuter et étudier avec toute l'attention possible, les questions que j'ai traitées dans cet ouvrage.

Je suis en dehors de *toute coterie, de toute personnalité.* C'est donc uniquement au point de vue du *bien général* que j'ai traité la question de l'*Union entre tous les ouvriers.* Pour moi, il n'y a ni *gavots,* ni *dévoirants* ; mais seulement des *hommes égaux,* des citoyens ayant *les mêmes droits et les mêmes intérêts* , des frères malheureux devant s'aimer et s'unir pour réclamer pacifiquement leurs droits et défendre leurs intérêts.

Je vous prie, messieurs, de lire mon petit livre avec impartialité. Ne vous laissez pas aveugler par un préjugé absurde et funeste. Que ma qualité de *femme* ne soit pas pour vous un motif de répulsion pour mon œuvre. Songez bien que l'amour, l'intelligence, la force, *n'ont pas de sexe.* En lisant le livre de l'UNION-OUVRIERE ne vous occupez uniquement que d'étudier la valeur des idées qui s'y trouvent. Si vous les jugez *bonnes, rationnelles et réalisables,* mettez-moi entièrement de côté et faites qu'elles deviennent *vôtres.* Ce à quoi j'aspire, ce n'est pas à la vaine gloire d'avoir fait un livre. Non, grâce à Dieu ! je suis au-dessus de cette petitesse. Ce que je veux, ce à quoi je travaille, c'est à *servir efficacement* la classe *la plus nombreuse et la plus utile.* Voilà tout ce que je désire et rien de plus.

Comme vous le verrez dans ma préface, je ne fais pas de la vente de ce petit livre une *affaire de commerce.* L'argent qui en résultera sera employé *au service de la cause.* C'est pourquoi, messieurs, je viens franchement et fraternellement vous prier de m'aider à placer ce livre *parmi les ouvriers.* C'est *pour la cause* que je vous demande votre appui et non pour moi. Si d'ici à un an nous parvenons à faire que chaque ouvrier ait le livre de l'UNION-OUVRIERE au fond de sa casquette, dans trois ans

Paris, 3,000 prospectus (1). — Au 10 juillet j'avais déjà reçu quarant-trois lettres d'ouvriers, tant de Paris que de la province; trente-cinq ouvriers, appartenant à tous les métiers, s'étaient présentés chez moi dans le but de m'*offrir leurs services pour la cause*. — J'acceptai leur bon vouloir et les chargeai de vendre le petit livre à d'*autres ouvriers*. Tous comprirent parfaitement l'importance que j'attachais à ce que le petit livre arrivât droit à son adresse, *dans le fond des casquettes*.

Je me plais à le reconnaître, ces ouvriers propagèrent le livre avec beaucoup de zèle, — et je dois dire aussi qu'il leur fallut dans cette circonstance faire preuve de *dévouement* et surtout d'une *grande patience*; car ce n'est pas un petit travail de *convaincre les ouvriers* (je parle de la masse), de leur faire *comprendre certaines idées fondamentales*, et surtout d'obtenir d'eux qu'ils *lisent un livre sérieux*.

Dans l'espace de cinq mois il a été vendu *par des ouvriers à d'autres ouvriers* de huit à neuf cents exemplaires du livre de l UNION-OUVRIERE. — Jusqu'à

l'union *universelle* des ouvriers et ouvrières *sera possible*, et alors, mes frères, nous serons sauvés.

Agréez, messieurs, les salutations cordiales de celle qui est *votre sœur en l'humanité*,

FLORA TRISTAN.

P. S. Voyez quel sera le nombre d'exemplaires que vous croirez pouvoir placer parmi les ouvriers, et écrivez-le moi, je vous les enverrai par le roulage ou la diligence, afin d'éviter les frais de poste qui sont énormes. Lorsque le tout sera vendu, vous me ferez passer l'argent provenant de cette vente.

(1) Le prospectus était le *résumé* qui se trouve à la page 108.

ce jour, 15 décembre, j'ai reçu de quatre-vingt-sept ouvriers, ou sociétés de compagnonnage et autres, de Paris et de la province, deux cent trente-sept lettres (1), plus un grand nombre de visites d'ouvriers, tous venant me demander que je leur indiquasse *comment ils pourraient servir la cause.*

Toutes ces lettres, sauf quelques-unes, sont rédigées dans le même esprit, et expriment les mêmes sentiments. — A la vérité, il n'en pouvait être autrement, puisque ceux-là seuls qui sympathisent avec mes idées m'ont écrit et sont venus à moi. Tous me témoignent le désir ardent qu'ils ont de s'*unir.* « Nous sommes bien convaincus, disent-ils, que *l'union fait la force,* aussi nous désirons de tout notre cœur de pouvoir nous *unir,* et nous vous promettons que, sous ce rapport, vous nous trouverez bien résolus à suivre les bons conseils que vous nous donnez dans votre petit livre. — Seulement ce qui nous embarrasse, c'est que c'est bien difficile, parce que chacun de son côté est divisé. »

Tous désirent donc s'unir afin d'être *forts:* aujourd'hui *tous* les ouvriers ont le sentiment de leur *faiblesse* et souffrent de leur *isolement.*

Maintenant il faut bien dire toute la vérité : — les hautes et importantes questions *d'économie sociale,* traitées dans le livre de l'UNION OUVRIERE, *n'ont pas été comprises par les ouvriers* (excepté quelques-uns).

(1) Je n'ai pas reçu une seule lettre *d'ouvrière.* — Seulement, deux jeunes ouvrières blanchisseuses sont venues me voir de leur propre mouvement et m'ont offert de m'apporter chacune 2 fr, tous les trois mois, me priant d'employer cet argent au *service de la cause.* — Une troisième femme du peuple m'a été amenée. — Pas d'autres manifestations de la part des femmes ouvrières. — Cela fait donc 3 *femmes* sur 87 *hommes.*

L'ouvrier français est *un être à part*, ne ressemblant en rien à l'ouvrier *des autres pays*. — Il y a chez lui un je ne sais quel amour *du mot liberté*, poussé vraiment jusqu'à l'exaltation, à la folie ! — Ce mot *liberté* (qui jusqu'ici n'est qu'*un mot*), implanté dans son esprit, depuis 89, par une puissance mystérieuse et surhumaine, y trône avec la tyrannie de l'*idée fixe*. — Tel est l'*ouvrier français* : il préfère subir les chômages, la misère, la faim !.... plutôt que de *perdre* ce qu'il nomme — *sa liberté*. — Or, il repousse, sans même vouloir *examiner*, *le droit au travail*, parce qu'il voit dans la réalisation de ce droit une espèce d'*enrégimentation*. Il n'en veut donc point et le repousse avec horreur. Plutôt mourir de faim, s'écrie-t-il, mais du moins mourir *libre !*

Depuis six mois que *je parle aux ouvriers*, faisant preuve, moi aussi, d'une patience dont je ne me croyais pas capable, je m'y suis prise de toutes les manières pour leur démontrer que la réalisation du *droit au travail*, tel que je le demandais, n'amènerait jamais pour eux l'*enrégimentation* qu'ils redoutent si fort. — Mais vouloir faire entendre raison à un homme dont l'esprit *est possédé* par une *idée fixe*, c'est vouloir que les sourds *entendent* et que les aveugles *voient*. Plus vous cherchez à persuader cet homme par de bonnes raisons, plus son *dada* galoppe dans son cerveau et lui trouble l'entendement. Aussi ai-je vu jusqu'à présent mes efforts rester infructueux.

De tous les moyens indiqués dans mon livre pour l'amélioration du sort de la classe ouvrière, *un seul* a vivement frappé l'attention de *tous les ouvriers et ouvrières*. — Le PALAIS de l'UNION OUVRIERE. —

Sur ce point je trouve même *tout le monde d'accord*.
Voici comment j'explique cet accord.

L'ouvrier français, cet *être à part*, trouve dans sa *force morale* un de ces courages qui n'ont pas encore reçu *de nom;* mais que plus tard on nommera · *courage de prolétaire.* — Armé de ce courage sans nom, il brave impunément les fatigues d'un travail de quatorze et seize heures par jour ; les privations de toute espèce, les souffrances et les douleurs de toute nature. Il est *de fer* et résiste *à tout.* — Il fait plus, il est gai !... c'est un *farceur* qui plaisante, rit de ses propres misères, et chante *pour se distraire.* — Mais il y a dans l'existence de l'ouvrier français *trois malheurs* contre lesquels sa gaîté et sa philosophie viennent échouer : — *Le bureau de charité,* — *l'hospice* et le *dépôt de mendicité.*

Faire *inscrire* son *nom* et sa *demeure* pour avoir un *pain* et un *cottret...* envoyer sa femme ou sa fille *crever à l'hospice...,* et son vieux père au *dépôt de mendicité...* Ah! si l'ouvrier est contraint de subir cette *humiliation...* c'en est fait ! — Son courage l'abandonne entièrement, en proie au désespoir, il pleure... ou il rugit !...

L'ouvrier français peut *souffrir,* mais il ne peut *mendier.* Il y a en lui un *orgueil né* qui s'y oppose. Il veut bien consentir à ployer sous le poids de la tâche énorme qu'on lui impose, pourvu qu'il puisse porter la *tête haute.* L'humiliation le *démoralise,* lui ôte *ses forces, le tue!* — Pour l'ouvrier français il y a une épée de Damoclès, menaçante et terrible : le *bureau d'aumône, l'hospice,* le *dépôt* de *mendicité.*

En venant démontrer aux ouvriers, par un calcul bien simple (leur nombre), qu'ils possédaient *en eux* une richesse immense, qu'ils pouvaient, *s'ils veulent s'unir,* faire, *avec leurs liards,* des millions, puis des millions ! qu'une fois en possession de ces richesses, ils pourraient faire bâtir, *pour eux,* de

vastes *palais-ateliers-fermes*, à l'aspect gran-
diose et riant, — en leur montrant *le trésor qu'ils
possèdent*, je les ai délivrés de *l'humiliation de l'aumône* et leur ai fait entrevoir le paradis!

Voici ce qui nous explique cette *unanimité* à l'en-
droit du *Palais*.

Dans toutes les lettres d'ouvriers, le *Palais* fait la
question principale. L'idée d'avoir *à eux*, en toute
propriété, une belle habitation, d'y pouvoir faire
élever leurs enfants parfaitement bien; — d'y recevoir les ouvriers blessés en travaillant, et d'y
trouver pour eux-mêmes une retraite honorable
lorsqu'ils seront vieux, cette heureuse perspective
les transporte. Tous m'en parlent avec émotion et
enthousiasme. Il leur échappe un cri d'espérance,
un cri de joie.—Je puis donc affirmer ici que *tous les
ouvriers désirent* et sont *disposés à coopérer*, chacun
selon ses moyens, *à la réalisation du Palais de
l'UNION-OUVRIÈRE*.

Voici l'effet produit sur l'esprit des ouvriers par
le petit livre.

Maintenant, passons aux bourgeois.—Je dois dire
à leur louange et à la *surprise générale* des ouvriers, que j'ai rencontré parmi les bourgeois *aide,
sympathie, approbation*. — Des personnes, hommes
et *femmes*, appartenant à la haute bourgeoisie, à la
noblesse et même au clergé, m'ont écrit des lettres
bien belles et qui prouvent l'intérêt sincère qu'elles
portent à la classe ouvrière. En venant à moi, ces
personnes m'ont manifesté le désir qu'elles auraient
d'être *utiles à la cause des ouvriers*. Plusieurs m'ont
envoyé des cotisations en me priant de les employer
au service de l'œuvre. — Toutes ces démonstrations
ne prouvent-elles pas évidemment que la *partie
éclairée* de la bourgeoisie serait disposée à *aider* les

ouvriers, lorsque ceux-ci voudront faire quelques efforts pour *s'unir*.

Je vais donner ici quelques passages des lettres qui m'ont été adressées à l'occasion de mon livre. En faisant connaître l'approbation donnée à mon idée par des hommes du plus haut mérite, j'espère attirer l'attention des personnes que la logique de mes raisonnements n'a pu convaincre.

Madame,

Je suis touché plus que je ne puis vous le dire des sentiments bienveillants dont j'ai trouvé l'expression dans votre lettre et dans l'intéressant travail que vous avez eu la bonté de me communiquer. La sympathie profonde dont vous êtes animée pour les misères sociales qui abondent sous nos yeux, a toujours rempli mon cœur ; et si je n'ai que bien imparfaitement réalisé ce que j'ai tenté, rien ne m'est plus doux que de voir reconnaître la sincérité de mes efforts par une personne qui juge tout à la fois avec son âme et avec son esprit.

Certes ce n'est pas moi qui vous dissuaderai de poursuivre la noble et grande entreprise que vous avez commencée ! Il n'y a que trop de gens aujourd'hui qui traitent *d'illusion* tout sentiment généreux, et *d'utopie* toute réforme sociale ou politique. Je suis d'ailleurs très convaincu qu'il y a dans votre projet un grand fond de vérité et le principe d'une institution nouvelle très salutaire pour les classes ouvrières. Les difficultés d'organisation sont très grandes : on peut avoir à vaincre, outre les obstacles inhérents à toute création, des entraves procédant de l'autorité, des embarras légaux, la difficulté de perception des ressources, celle de leur emploi et distribution, etc. Il n'en est pas moins vrai que la création d'un grand asile, qu'on l'appelle *Palais* ou autrement, pour les invalides du travail et de l'industrie, est une belle pensée ; et que l'union des classes ouvrières se cotisant toutes pour arriver à ce but est le meilleur moyen. C'est une pensée qui peut se modifier, se restreindre ou s'étendre, et recevoir des applications diverses qui seraient à discuter ; mais, je le répète, à mon sens, il y a là le germe d'une grande institution à fonder. Si donc, vous êtes assez bonne, Madame, pour attacher quelque prix à mon opinion, permettez-moi de vous offrir mon bien sincère et vif assentiment.

. . . .

. . . .

Permettez-moi de vous exprimer toute ma pensée. Je suis convaincu que chaque jour nous verrons s'accroître le nombre des voix qui s'élèveront pour défendre ce grand intérêt des classes laborieuses si longtemps abandonnées. Il y a là une question de morale et de justice qui, une fois mise à nu, ne peut être délaissée. C'est une cause gagnée du moment où elle est discutée. Mais soyez sûre, Madame, que les meilleurs avocats de cette noble cause seront ceux qui la défendront gratuitement. Quelques-uns auraient beaucoup de répugnance à recevoir une récompense, d'ailleurs si légitime, de leurs efforts ; et notre société est ainsi faite, que la voix des défenseurs serait moins puissante si on la croyait un peu intéressée. L'exemple d'O'Connell ne doit pas nous faire illusion. La *rente nationale* lui a été faite, bien moins pour l'aider à servir l'Irlande, que comme *récompense* de l'avoir servie, ou plutôt elle a eu ce double objet. O'Connell rendait déjà depuis plus de dix ans, à l'Irlande, les plus immenses services que jamais aucun homme ait rendus à son pays, lorsque le peuple irlandais l'a honoré d'un salaire national. Il est certain que rien ne se peut faire au profit de la meilleure cause sans beaucoup d'argent : mais ce serait l'association seule, si une fois elle était formée, qui devrait recevoir pour agir dans l'intérêt commun. — Il y a du reste, là, matière à longue délibération. Pour moi, Madame, qui suis engagé dans un ordre de travaux qui m'absorbe tout entier, je ne puis m'associer que de loin à des intentions dont je reconnais l'excellence. Je suis du reste très convaincu, qu'avant de recevoir leur accomplissement pratique, les bonnes idées, contenues dans votre livre, ont besoin d'être livrées à la controverse et de pénétrer ainsi dans le sentiment public, et je ne connais pas de meilleur apôtre de ces idées que celle qui les a conçues.

GUSTAVE DE BEAUMONT,
(Député de la Sarthe.)

. . . . Votre idée a beaucoup de grandeur et de puissance ; mais c'est une *utopie*; je vous le démontrerai. Il n'est pas possible, par des raisons *intérieures* et par des raisons *extérieures*, qu'elle se puisse réaliser dans l'état actuel des choses en France. Mais je crois que *la production de l'idée est bonne*, à condition que vous l'enveloppiez d'un manteau de haute charité sociale et non de révolte. — Entendons-nous ; soyez sévère, défendez sévèrement les droits méconnus, mais pas de haine, pas d'expression de guerre ; — les bourgeois sont aussi des hommes, et il faut que l'émancipation du peuple se fasse plus intelligemment, plus savamment et plus chrétiennement que ne s'est faite celle de la bourgeoisie.

. . . . Je ne vous engage pas à poursuivre pratiquement votre idée aujourd'hui ; livrez-là, revenez-y de temps à autre, et à chaque fois, si elle sourit aux ouvriers avancés, comme je le pense, vous prendrez texte de cela pour leur inoculer des idées bonnes et des sentiments élevés.

. . . . Je crois que vous aurez, par là, pris une excellente position, et que vous pourrez vous en servir pour faire beaucoup de bien. Quelque soit le sort de votre projet, votre ouvrage aura de l'influence sur les ouvriers, telle est du moins ma manière de voir.

VICTOR CONSIDÉRANT,

Rédacteur en chef de la *Démocratie Pacifique*.

Chère Dame, la lecture de votre petit livre a été pour moi la source de jouissances bien vives. Vous avez fait là une œuvre admirable de charité et de *raison*, et je comprends tout le bonheur que vous ressentez de l'avoir accomplie.

. . . . . Votre livre a une valeur *pratique* immense. — Ce n'est pas une pure expression de théories et de doctrines cent fois enseignées en vain, — c'est un *acte*, et un acte de la plus haute importance. On a assez discuté, il faut *agir* aujourd'hui sous peine de rester à la même place, ou même de rétrograder. La spéculation pure n'a jamais accompli un progrès éclatant, une révolution en ce monde. — L'action seule a cette puissance. Quelques pauvres pêcheurs pleins de foi ont plus fait pour le bien de l'humanité que tous les philosophes ensemble. Je vous l'ai déjà dit, pour moi, tout le problême aujourd'hui consiste à trouver les moyens d'application, d'action. — C'est avec bonheur que je vous ai vue entrer dans cette voie, et surtout conseiller les moyens *pacifiques*. Les hommes que vous appeliez *raisonnables*, les distinguant des *enthousiastes* et des *croyants* pourraient bien envier la raison profonde et l'habileté pratique de vos vues, et du plan que vous proposez. — Ce plan est simple comme toutes les grandes choses ; il porte en lui le germe de mille réformes dont la nécessité n'est contestée par personne *en principe*. Il est surtout excellent en ce qu'il peut se réaliser sans secousse violente et sans alarmer les *intérêts dominants*. — Au contraire, avec un peu de réflexion, on voit aisément que tous ces intérêts devraient se coaliser pour son application ; car l'émancipation graduelle et pacifique du travail doit nécessairement tourner à leur profit, selon les lois les plus simples des sciences économiques.

Vous aurez la gloire d'avoir, la première, formulé une idée féconde, d'où peuvent sortir les conséquences les plus sérieuses. — Quelque soit l'accueil qui lui soit fait, elle produira toujours d'utiles fruits.

A. A. . . . R.

Avocat à la Cour royale de....

. . . .

Je ne discuterai pas avec vous les hautes questions d'économie politique émises dans votre livre ; je n'ai pas assez étudié ces questions, et si vous voulez que je vous dise toute ma pensée, je les crois *prématurées*. — Mais un point m'a frappée, parce que je le crois réalisable, je veux parler des *palais*. — Selon moi, c'est le côté le plus remarquable de votre œuvre. — L'hôpital ne convient plus à notre siècle ; c'est un mot qui jure à côté de celui de *citoyen*, et le dernier des mendiants est, malgré sa pauvreté, un *citoyen*. — Le mot seul de *palais*, opposé à hôpital, maison de re-

traite, ou toute autre dénomination me paraît une *rénovation*. —
Ce qui fait l'abaissement du peuple, c'est qu'il se croit *destiné à
l'abaissement*. — La première chose à faire serait donc de le rele-
ver à ses propres yeux. — Le peuple pense que les riches le mé-
prisent ; il a tort : moi, je suis des riches, je vis parmi les riches,
et je puis vous affirmer que nous avons plus d'estime et de respect
pour lui qu'il n'en montre *pour lui-même*. . . . .
. . . . Je pense que les dames de la haute société, et particulièrement de la haute noblesse, feraient pour hâter
la construction de ces palais, au moins autant (et je crois plus)
qu'elles n'ont fait dernièrement pour les victimes du désastre de
la Guadeloupe. Il suffirait d'une ou deux femmes actives et bien
placées pour donner l'élan. — De suite la chose deviendrait de
mode, et en quelques semaines les fonds nécessaires pour un premier palais pourraient être réalisés. . . . .
. . . .

Voyez, Madame, c'est à vous, la créatrice de l'idée, à nous
mettre à même de la servir. — Quant à moi, vous me trouverez
toujours prête à travailler au bien de mes frères. Aussitôt que vous
aurez organisé soit une société, un comité ou tout autre moyen
d'action, je m'empresserai de mettre à votre service ma bonne volonté, mon activité et quelques ressources pécuniaires que je serai
heureuse de pouvoir offrir à une aussi bonne œuvre.

AMÉLIE de D. . . . L.

Madame,

Permettez-moi de vous dire combien j'ai été vivement frappé des
idées à la fois grandes, pratiques et fécondes qui distinguent votre
éloquent et beau travail sur l'*Union ouvrière*.

L'admirable exemple de l'Irlande prouve à quel ascendant les
masses peuvent arriver par l'union, sans sortir de la légalité. Il
me semble que plus les classes laborieuses de la société tendront à
se rapprocher, à unir leurs efforts, leurs intérêts, leurs moyens
d'action, plus elles donneront de poids et d'autorité à leurs légi-
times réclamations. C'est en cela, Madame, que votre projet relatif

à la fondation des **PALAIS** *de l'Union ouvrière*, me paraît d'autant plus excellent qu'il est réalisable, immédiatement réalisable...

Ainsi, au moyen d'une cotisation minime, les ouvriers pourraient commencer dès aujourd'hui à jeter les bases d'un de ces édifices parfaitement décrits par vous, Madame : vastes établissements où les enfants trouveraient l'instruction professionnelle et les vieillards une retraite honorable.

Cette initiative prise par la classe ouvrière aurait, je crois, une portée immense, et je puis vous assurer, Madame, que p'usieurs de mes amis et moi nous serions fiers et heureux d'apporter à cette louable entreprise nos profondes sympathies, notre ardent concours, et les moyens pécuniaires dont nous pourrions disposer, comme souscripteurs à l'édification du *premier palais de l'union ouvrière*.

Courage et espoir, Madame; la sainte cause à laquelle vous vous dévouez avec tant de cœur et d'abnégation est en progrès. Le cri de douleur et de misère des travailleurs pénètre jusqu'aux sphères élevées de la société. Ce serait blasphêmer l'humanité que de croire que tant de larmes ne seront pas enfin séchées, tant de résignation récompensée, tant de rude labeur glorifié... Par l'*union*, les classes ouvrières peuvent avancer cet heureux jour... AIDE-TOI... LE CIEL T'AIDERA...

EUGÈNE SUE.

Voici un passage d'une lettre de M. Blanqui : il répond à un ouvrier qui lui avait exprimé, au nom de ses camarades, le désir qu'ils avaient de se cotiser pour élever un *palais* ou *maison de retraite* pour les ouvriers.

. . . . . Votre projet me semble excellent, simple, praticable de tout point; c'est une affaire d'ordre et de volonté. Si vous arriviez jamais, ce que je crois et j'espère, à réaliser par souscriptions volontaires, une maison de retraite pour les travailleurs, vous auriez résolu un problème immense. *Vous le pouvez*. Ce sera le plus bel hôtel des Invalides de notre temps. Il suffit de vouloir et de *persévérer*. Souvenez-vous que les neuf dixièmes de l'impôt sont payés par des cotes *annuelles* inférieures à 10 fr. ! Donc les millions se font par les gros sous ; donc vous pouvez fonder quelque chose de sérieux avec de petites souscriptions qui n'excédent pas les forces de l'ouvrier.

. . . . . Ainsi, Monsieur, je ne saurais trop approuver la grande expérience que vous tentez. Soyez sûr que, quand le moment sera venu et que votre souscription aura pris un caractère *d'institution*, le pays vous viendra en aide.

D'après l'esprit qui règne dans toutes ces lettres, on le voit, si les ouvriers *voulaient s'unir*, ils pourraient être certains de trouver dans la bourgeoisie une coopération active et puissante.

Encouragée par les sympathies des âmes nobles et généreuses, je vais redoubler d'efforts afin de remplir dignement la tâche que j'ai entreprise ; mais, on doit le comprendre, si on me laisse *seule* porter un aussi lourd fardeau, telles grandes que soient ma foi et ma charité, je tomberai épuisée sous le faix.

Je viens donc *faire appel* aux personnes animées d'un saint dévouement. — Je leur demande, *au nom de l'œuvre*, de vouloir bien *m'aider moralement et matériellement* (1).

C'est *aux femmes* particulièrement que je m'adresse, parce qu'en l'état actuel des choses, elles peuvent servir la cause *plus efficacement que les hommes*. — Mais c'est aux femmes *intelligentes* et *aimant Dieu et l'humanité* que je fais cet appel.

(1) Je prie les personnes qui s'intéressent à l'œuvre à laquelle je travaille, de vouloir bien se mettre en rapport avec moi. 89, rue du Bac, à Paris.

Il faut enfin qu'on cesse de confondre la *charité* avec *l'aumône* (1). Depuis deux mille ans et plus, les Juifs et les Chrétiens *font l'aumône*, — et toujours, chez les Juifs et les Chrétiens, il y a des *mendiants*.

Eh quoi! si les prêtres catholiques trouvent en France des *milliers* de femmes nobles et riches pour en faire leurs *dames d'aumônes*, pourquoi donc ne pas espérer trouver, dans cette même France, quelques *centaines* de femmes *intelligentes* et *dévouées* qui considèreraient comme un *devoir*, un *honneur*, de se faire *femmes de charité*?

Examinons en quoi différerait leur mission : — Les *dames d'aumônes* vont dans les maisons riches demander des *aumônes pour les pauvres*; — puis, chez les pauvres pour leur *distribuer des secours*. Elles vont aussi dans les prisons *parler aux prostituées, aux voleurs, aux criminels;* elles leur procurent de l'ouvrage, à leur sortie les placent, etc. — Certes, il y a du mérite à remplir une telle mission ; mais quels en sont les résultats?... — Nuls! — Parce que les secours ne peuvent *extirper la misère;* — et la *prostitution*, le *vol*, le *crime*, en sont les *conséquences inévitables*.

Les *femmes de charité* iraient chez les riches leur démontrer qu'il est de *leur devoir*, de *leur intérêt* de travailler à *extirper la misère*, afin qu'il n'y ait plus ni *prostituées* ni *criminels;* — elles leur démontreraient que la chose est *possible*, s'ils veulent s'engager à donner pendant dix ans, *d'une manière régulière*, la somme qu'ils donnent, chaque année, en

(1) Charité , — amour de Dieu : c'est la plus parfaite des trois vertus théologales. — L'amour, le zèle, la bienveillance qu'on a pour le prochain. (Dict.)

Aumône,—se dit surtout de l'argent : faire l'aumône, vivre d'aumône, être réduit à l'aumône, être à l'aumône. (Dict.)

aumônes diverses. — Elles leur prouveraient, par des chiffres, qu'avec tout ce que la France donne en au- mônes, pour être distribué en *secours individuels, dans chaque grenier isolément,* on pourrait en moins de trois ans créer des travaux *manufacturiers* et *agri- coles* sur une grande échelle, de manière à pouvoir procurer *à tous* et *à toutes* les moyens de vivre *très- bien en travaillant.* — Ensuite elles iraient dans les ateliers, chez les ouvriers des villes et des campagnes pour les instruire sur *leurs droits, leurs devoirs* et *leurs intérêts.* — Celles qui en auraient le talent pourraient leur faire des instructions *en commun.* Celles qui auraient de la fortune pourraient payer des *unionistes zélés, intelligents* et *actifs,* dont la tâche serait d'aller partout où ils sauraient pouvoir faire de la *propagande.*

Voici, selon moi, une sainte et sublime mission, digne d'une femme *réellement charitable, réellement religieuse.*

C'est au nom de l'amour de Dieu *en l'humanité* que j'appelle et supplie les femmes intelligentes de fon- der *l'ordre des femmes de charité* (1).

(1). Nous lisons dans la *Démocratie Pacifique* du 20 novembre 1843 :

« Voici un exemple qui mérite d'être signalé au clergé de France et d'Europe ; voici une preuve vivante du progrès intellectuel qui s'opère au sein même de la hiérarchie catholique. Honneur à M. le cardinal-archevêque de Malines, qui pense que la charité chrétienne ne doit pas se borner à faire l'aumône, mais qu'elle doit surtout s'occuper à donner du travail. »

Messieurs les curés,

Par sa lettre du 16 septembre dernier, M. le ministre de la jus- tice m'a informé que, pour remédier au malaise des classes ou-

Maintenant passons à la partie matérielle.

1,500 exemplaires du livre ont été vendus, la plupart à 25 ou 30 cent. (à cause des remises qu'il faut faire).   500 fr.

yrières, le gouvernement a appelé l'attention des autorités provinciales sur les avantages qui résulteraient, pour les pauvres, de l'organisation d'ateliers d'apprentissage, de métiers ou d'écoles-manufactures, ainsi que de l'établissement de comités de secours destinés à procurer des matières premières et du travail aux ouvriers nécessiteux. M. le ministre ajoute qu'il serait à désirer que, dans les localités purement agricoles, les bureaux de bienfaisance s'entendissent avec les administrations communales pour remplacer les secours gratuits pour le salaire du travail, en occupant les ouvriers pauvres au défrichement des terres incultes, ou à la réparation des chemins vicinaux et communaux, afin d'entretenir parmi eux l'habitude du travail, et de leur procurer à la fois des moyens d'existence.

. . . .

Vous savez, Messieurs les curés que, quoique le salut des âmes soit le but de notre saint ministère, nous devons cependant aimer à contribuer aussi au bien-être corporel de notre prochain, et à soulager ses besoins temporels, d'autant plus que c'est un moyen très efficace de lui faire aimer la religion. »

. . . .

ENGELBERT, card.-arch. de Malines.

« Cette lettre est remarquable à la fois par la raison et par l'esprit évangélique. On y trouve deux principes éminemment religieux et entièrement conformes aux données de la science.

Le premier de ces principes, c'est que l'aumône doit être transformée. La charité doit prévenir la misère plus encore que la soulager. Dans le mécanisme social, l'aumône ne peut être considérée que comme l'accessoire; mais le principal est, pour les classes pauvres, l'emploi de leurs bras dans l'œuvre de la production. L'organisation du travail est essentielle, fondamentale, l'organisation de la bienfaisance n'est que provisoire, subsidiaire.

Le second principe, c'est que la religion chrétienne, bien qu'elle s'occupe principalement du salut des âmes, doit cependant contribuer au bien-être matériel du peuple. »

Reporter d'autre part.   500 fr.

Les autres ont été placés *en bonnes mains*.
Il me restait sur la première souscription.   616 fr.

J'ai dépensé en frais de poste,
affiches, prospectus (12,000), etc.   496 fr.

Reste   120 fr.

    620 fr.

J'ai reçu en nouvelles souscriptions.   1,104 50

Total.   1,724 50

Je viens de faire tirer la deuxième édition à 10,000 exemplaires ; ils ont coûté, tout compris, 2,200 fr. Dans la troisième édition je rendrai compte de ces 10,000 exemplaires.

Paris, 20 janvier 1844.

NOUVELLE LISTE DE SOUSCRIPTEURS.

—

MM.	f.	c.
1. Mlle ALINE TRISTAN.	20	»
2. MARIE-MADELAINE, domestique.	1	»
3. JULES LAURE, peintre.	20	»
4. Cinq ouvriers corroyeurs.	10	»
5. PIERRE VANDERVOORT, négociant.	20	»
6. Trois actrices.	18	»
7. Mme A. ARNAUD, femme de lettres.	5	»
8. HAWKE, peintre.	10	»
9. CONSTANT BERRIER, auteur dramatique.	5	»
10. CANTAGREL, journaliste.	10	»
11. Un artiste.	5	»
12. L., entrepreneur.	10	»
13. EUGÈNE C.	5	»
14. VICTOR STOUVENEL.	5	»
15. V. B.	10	»
16. Mlle MARIE de S.	10	»
17. Le marquis de L.	20	»
18. JULIEN de Paris.	5	»
19. Le d^r R.	10	»
20. F.	5	»
21. GANNEAU.	1	»
22. O.-N., député.	10	»
23. Le d^r RECURT.	5	»
24. Un réfugié italien.	5	»
25. PRUDHOMME, libraire.	5	»
26. LÉPAULLE, peintre.	5	»

MM.	fr.	c.
27. DELLOYE, éditeur.	5	»
28. Par les mains de M. MICHEL, ouvrier.	12	»
29. AUGUSTIN, employé.	5	»
30. Un anonyme.	5	»
31. Deux ouvrières blanchisseuses.	4	»
32. Un négociant.	5	»
33. MOYSES, négociant.	2	»
34. De plusieurs ouvriers réunis.	50	»
35. Mme PAULINE ROLAND.	5	»
36. SURBLED.	5	»
37. Un officier.	2	»
38. BENOIT, courtier.	5	»
39. Deux unionistes.	10	»
40. DESROCHES, ingénieur des mines.	10	»
41. Un anonyme.	40	»
42. SAIVE, ouvrier chapelier.	»	50
43. De s., pair de France.	10	»
44. AUGUSTE AUDEMAR, avocat.	20	»
45. DUVERGER, maître imprimeur.	5	»
46. VICTOR BRISSON.	5	»
47. F.	5	»
48. BOURRIN, domestique.	5	»
49. Mme la princesse CHRISTINE BELGIOJOSO.	20	»
50. R. CELSE PARETO, architecte.	10	»
51. JOSEPH CORNERO, avocat.	10	»
52. Le dr B.	10	»
53. MORICEAU, avocat.	5	»
54. Le colonel BORY de SAINT-VINCENT.	15	»
55. CÉSAR DALY, architecte.	10	»
56. C. PECQUEUR.	2	»
57. L., propriétaire.	300	»
58. PHILIPPE BENOIST, peintre.	5	»
59. A. BAYOT, peintre.	5	»
60. T. H., propriétaire.	7	»
61. EDME, ouvrier mécanicien.	2	»
62. Mme SOPHIE C. D.	5	»
63. DUBOIS, ouvrier typographe.	2	»
64. SCHILLER, maître imprimeur.	1	»

MM.	fr. c.
65. EUGÈNE SUE.	20 »
66. GÉRARD SÉGUIN, peintre.	10 »
67. Mlle ERNEST GÉRARD, professeur de chant.	5 »
68. Un officier.	5 »
69. L.	5 »
70. J. C.	5 »
71. Par les mains de M. LEGALLOIS.	25 »
72. CHARLES F., étudiant.	5 »
73. Un officier.	5 »
74. VICTOR HENNEQUIN, avocat.	5 »
75. Un prêtre.	5 »
76. Un anonyme.	5 »
77. ADOLPHE LEGRAND.	10 »
78. CHARLES GOUBAULT.	5 »
79. FRODET, professeur.	3 »
80. A. LATOUR, professeur.	2 »
81. LÉON.	5 »
82. Ouvriers phalanstériens.	5 »
83. J∴ M∴ J∴ ouvriers.	20 »
84. REYNIER, ouvrier en soie.	2 »
85. MARC FOUGER, ouvrier serrurier.	2 »
86. L. V. ISORÉ, fils, ouvrier maçon.	2 »
87. JULIEN GROSMEN, ouvrier mégissier.	2 »
88. Une dame polonaise.	5 »
89. Un anonyme.	5 »
90. DE LA SUHARDIÈRE.	5 »
91. Mme HORTENSE de MÉRITENS, femme de lettres.	5 »
92. WORMS, imprimeur.	10 »
93. ESCALÈRE père, négociant.	10 »
94. GUSTAVE JOURDAIN, étudiant.	5 »
95. F., statuaire.	5 »
96. DELOIN.	1 »
97. DE T., député.	20 »
98. JULES LOVY.	10 »
99. A. THYS.	10 »
100. ED. de POMPÉRY.	5 »
101. BLANQUI, Directeur de l'École du commerce.	15 »
102. Mlle MAXIME, artiste dramatique.	[10] »
	1,104 50

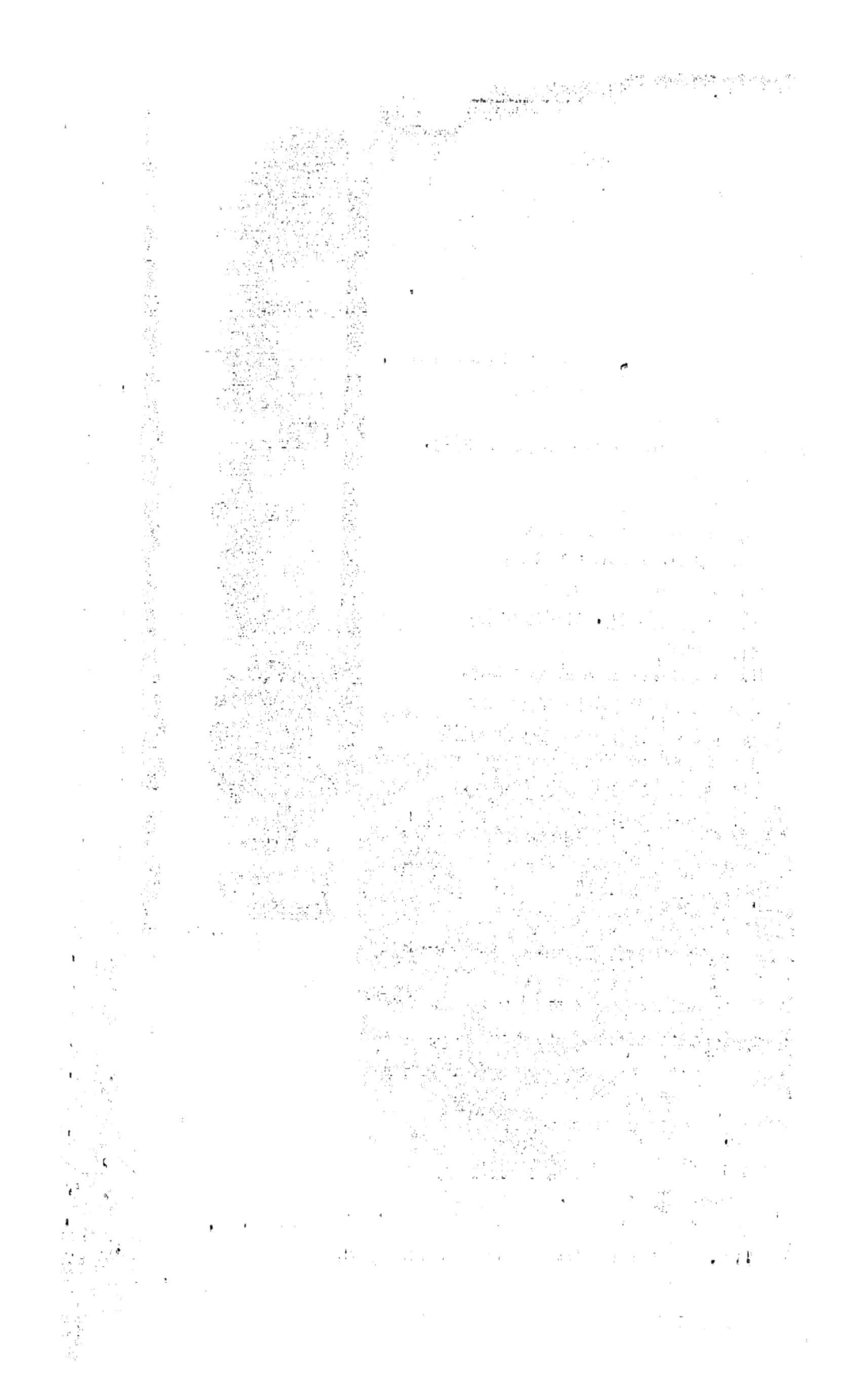

PRÉFACE

DE LA PREMIÈRE ÉDITION.

La publication de ce petit livre se trouvant, par un fait particulier, en dehors du cours habituel des choses, je suis forcée de donner à cet égard une explication.

A en juger d'après la *réputation établie*, le livre de l'UNION-OUVRIÈRE né devait-il pas être édité par le *seul éditeur populaire qui nous reste,* — M. Pagnerre?

En effet, tout le monde me disait : — M. Pagnerre est le seul éditeur qui puisse se charger de votre ouvrage. — Je pensais à ce sujet comme tout le monde. Aussi je m'adressai sans hésiter à M. Pagnerre ; je lui envoyai une partie de mon manuscrit (les trois premiers chapitres), en lui disant que le livre de l'UNION-OUVRIÈRE, par son esprit, son but, sa spécialité *lui apparte-*

nait de droit.— Voici la réponse de M. Pagnerre :

Paris, 31 mars 1843.

Madame,

J'ai l'honneur de vous adresser les épreuves que vous avez bien voulu me confier ; je regrette que les opérations auxquelles je suis obligé de donner mon temps et tous mes soins ne me permettent pas de concourir à la publication de votre travail. Le but que vous vous proposez est louable et généreux, et, bien que je ne partage pas toutes vos opinions sur les moyens d'améliorer la situation des travailleurs, je n'en fais pas moins des vœux bien sincères pour que tous les projets qui tendent à ce résultat, soient examinés, discutés sérieusement et mis en pratique, s'il y a lieu.

Veuillez agréer, madame, avec l'expression de mes regrets, mes salutations respectueuses.

PAGNERRE.

Si M. Pagnerre, l'éditeur des *lions de la démocratie*, l'éditeur *populaire* par excellence, refusait de publier le livre de l'UNION-OUVRIERE, il ne me restait plus d'espérance de trouver un autre éditeur qui voulût se charger de cette publication.—Cependant, comme il m'en fallait un, je m'adressai successivement à trois ou quatre. — *Tous* me renvoyaient à M. Pagnerre, me disant : — « Lui *seul* peut éditer *ce genre d'ouvrage*, parce qu'il entre dans la *spécialité* qu'il a adoptée. »

J'ai plusieurs raisons pour rappeler ce fait : 1° J'ai voulu répondre à cette question : — Pourquoi donc n'avez-vous pas fait éditer votre livre par Pagnerre ? (déjà on me fait cette question de tous côtés). Chez lui vous eussiez été assurée d'une vente considrable, ses relations sont très étendues, votre livre eût été placé *en bonnes mains*. C'est une *faute* que vous avez commise là, et le livre de l'UNION-OUVRIERE y *perdra*.

. La lettre de M. Pagnerre répond de reste aux personnes qui seraient tentées de m'adresser ce reproche.

2° Ensuite ce refus renferme un grand enseignement. Il prouve combien souvent sont fausses *les réputations établies*. — Dans cent ans, ceux qui écriront le règne de Louis-Philippe, présenteront M. Pagnerre comme étant l'*éditeur populaire de l'époque.*

Pauvre peuple ! aujourd'hui il n'a pas même un *seul éditeur* qui consente à publier un petit livre, dont le but est de *défendre* les intérêts de la classe ouvrière.

3° Il ressort aussi de ce refus un autre enseignement : — C'est que plus que jamais, l'intelligence est *subordonnée* aux moyens purement matériels.

Ma position devenait fort embarrassante. — Il fallait 1,000 à 1,200 fr. pour publier l'ouvrage, et je ne les avais pas. — A force de faire de la propagande à ses dépens, on finit, lorsque la source est peu abondante, par la tarir. — Pendant plusieurs jours, j'endurai un supplice, que pourront comprendre seulement les personnes qui vivent dans le domaine de l'esprit. *J'avais conscience* de la *bonté*, de l'*utilité* des idées que je venais de jeter sur le papier, et j'éprouvais une douleur poignante en songeant que ces idées allaient rester là, à l'état de lettre morte, faute d'un billet de 1,000 fr. — Mais lorsque Dieu accorde la foi à un individu, il la lui donne pleine et entière.

Après trois ou quatre nuits d'une insomnie douloureuse, un matin je fus très étonnée de me sentir pleine de calme, de confiance, et plus forte que jamais.

De mes croisées je vois les tours de Saint-Sulpice. — Dans la disposition d'esprit où j'étais, la vue de cette belle église produisit sur moi un effet tout particulier. Elle me rappela immédiatement tout ce que la foi avait inspiré aux chrétiens d'actions grandes, généreuses et parfois sublimes. — Eh quoi! pensai-je, *ma religion* qui est *d'aimer mes frères en l'humanité, ma foi d'aimer et servir Dieu en l'humanité;* quoi une religion aussi sublime! *dont les conséquences* sont si belles, si pures de tout alliage, ne me donnerait pas autant de *force* et de *puissance* qu'en eurent les catholiques, eux qui aiment Dieu et servent les pauvres *en vue de la récompense dans le ciel?*—Eh quoi! un prêtre, un seul homme, *confiant en sa foi*, s'est donné pour mission de faire bâtir une des plus belles églises de Paris, Saint-Sulpice, et pour atteindre ce but, ce prêtre n'a reculé devant aucune fatigue, aucune humiliation ; il a été de porte en porte *mendier pour son église*, et, au moyen de *petites aumônes*, cette grande et magnifique église s'est élevée majestueusement dans les airs (1) ; — et moi je ne pourrais pas, imitant l'exemple de ce prêtre, demander comme lui, de porte en porte, des souscriptions pour faire imprimer un petit livre *utile à l'instruction de la classe la plus nombreuse!* Ah! si j'hésitais, si je reculais devant cette noble tâche, ce serait reconnaître tacitement la nullité de la religion que je professe, ce serait renier le Dieu que je sers ; en un mot, ce serait avouer que ma foi est *moins* puissante que celle des catholiques !

Oh! bien heureux ceux qui ont la foi!

A l'instant même je me sentis embrasée

(1) Voyez, dans la Biographie de Michaud, la vie de Jean-Baptiste Languet de Gergy, curé de Saint-Sulpice.

d'un amour si grand, d'une force si puissante, qu'aucune fatigue, aucune humiliation ne m'effrayèrent plus. — Je me décidai à aller moi-même quêter de porte en porte jusqu'à ce que j'eusse les 1,200 fr. nécessaires. — Ce projet entra si subitement dans mon esprit, qu'il me semblait *qu'une volonté étrangère à moi me commandait d'agir.* — Prendre une grande feuille de papier ; écrire en tête : — APPEL A TOUTES LES PERSONNES D'INTELLI-GENCE ET DE DEVOUEMENT, —*nous leur demandons leur concours pour faire impri-mer le livre de l'*UNION-OUVRIÉRE; — in-scrire mon nom le premier ; faire signer ma fille, ma domestique, mon porteur d'eau ; courir aussitôt chez mes amis pour leur ex-pliquer ma résolution, tout cela fut l'affaire de vingt-quatre heures.

Ma tâche, je dois le faire observer, était bien autrement difficile que celle du curé de Saint-Sulpice. Il agissait, lui, en l'UNION CA-THOLIQUE; or, il était sûr de rencontrer pres-que partout aide, sympathie, bon accueil, confiance, approbation et louange : —tandis que moi j'agissais *isolément*, et avec la *pres-que certitude* que je serais généralement *mal accueillie.*

Puisque je donne ces explications en vue *de l'enseignement* qu'on en peut tirer, qu'on

me permette d'entrer dans de plus amples
détails.

Je faisais une quête pour l'impression d'un
livre destiné à *instruire la classe ouvrière,*
il était tout naturel, qu'après avoir demandé
à mes amis, je m'adressasse d'abord à tous
ceux qui *se posent en vrais amis et en ardents
défenseurs du peuple.* — Oh! que de cruelles
déceptions m'attendaient !...

Ici je ne nommerai personne; mais on
verra par l'absence de certains noms sur ma
liste de souscription, qu'il en a été, quant aux
Amis du peule, sauf quelques exceptions,
absolument comme pour l'*Editeur populaire,*
avec cette différence, toutefois, que M. Pagnerre a mis dans son refus une extrême politesse, tandis que, parmi les *amis du peuple,*
plusieurs m'ont reçue *tout au plus poliment*
(trois ou quatre n'ont même pas voulu me
recevoir), et ont refusé de participer à mon
œuvre dans les termes les plus secs.

Comment expliquer cela ?

Que chacun l'interprète comme il lui con-
viendra : je me borne, pour le moment, à
constater le fait.

Ce n'est pas ici la place de raconter combien ces réceptions froides, sèches et tout à
fait *anti-fraternelles,* m'ont causé de cui-
santes douleurs; combien de fois, en sortant

de chez ces *amis du peuple*, qui ont toujours le grand mot *fraternité* au bout de leur plume, des larmes d'indignation ont brûlé mes joues.

Pauvre peuple !... Tes soi-disant *amis se servent de toi...* mais au fond aucun d'eux n'a réellement l'intention de *te servir*.

Je ne parlerai pas non plus du courage qu'il m'a fallu pour persévérer dans l'accomplissement de ma tâche. Dans un temps d'égoïsme et de *Robert-Macairisme* comme le nôtre, se présenter chez des gens dont *on n'est pas connu* et oser leur *demander de l'argent* pour faire imprimer un livre dont le but est d'*apprendre au peuple quels sont ses droits*, certes, c'était là exécuter un véritable *tour de force*.

Jésus avait raison lorsqu'il disait : —«Ayez la foi et vous transporterez des montagnes.» — Je viens d'expérimenter par moi-même qu'il disait là l'exacte vérité. Pendant près d'un mois que dura *ma vie apostolique* (en action), je ne me suis pas sentie une minute de découragement.—Et cependant que de déceptions n'ai-je pas eu à souffrir, sans compter les rebuffades grossières de certains bourgeois *parvenus*, qui me prenaient tout bonnement pour *une pauvre femme de lettres demandant l'aumône.* — Il serait très curieux de raconter toutes les scènes étranges

et comiques qui me sont arrivées à ce sujet.
Plus tard je ferai connaître combien m'a coûté
de fatigues morales et physiques cet acte de
haute charité. — Je n'exagère pas en disant
que j'ai fait plus de *deux cents courses* dans
toutes les directions de Paris (et à pied). —
Je l'avoue, sous le rapport de la fatigue physique, je suis épuisée ; j'en suis même malade. — Mais je me hâte d'ajouter qu'au milieu
de tant de peines, j'ai eu bien des joies. J'ai
trouvé chez des personnes sur lesquelles je
n'avais nullement compté, des âmes grandes,
généreuses, désirant ardemment pouvoir faire
le bien ; — et comprenant tout ce qu'il y
avait de beau dans la mission que j'accomplis-
sais, elles me témoignaient une considération
pleine de bonté et de respect. Les quelques
instants de conversation que j'ai eus avec ces
personnes m'ont complètement dédommagée
de tous les déboires que d'autres m'ont fait
essuyer.

Si ce que j'ai dit des prétendus *amis du
peuple* est de nature à étonner et attrister
quelques personnes assez naïves pour juger
du cœur d'un homme par les belles phrases
que l'*écrivain* met dans ses livres.... ce qui
pourra étonner dans un autre sens, surtout
les ouvriers, c'est d'apprendre que des bourgeois aux manières aristocratiques ont ac-

cueilli l'idée que j'apporte avec une vive sympathie, et m'ont remis à cet effet de fortes souscriptions. Quant aux artistes, presque tous m'ont parfaitement reçue, et *trois* seulement m'ont refusé leur offrande.

Maintenant je dois dire, afin d'éviter toute interprétation, aucune des personnes qui ont signé leur nom sur ma liste et ont bien voulu faire un don pour que le livre de l'UNION-OUVRIERE pût paraître, aucune d'elles *n'a eu connaissance de mon manuscrit* (1); par conséquent aucune ne peut être *solidaire* des idées que j'ai émises.

La foi qui m'animait en leur parlant, leur a donné *foi en moi*. Elles me voyaient si profondément convaincue de la bonté de mon œuvre, qu'à leur tour elles ont été *convaincues que je ne pouvais mal faire;* et souvent, sans me demander d'explications, elles m'ont aidée de leur concours.

S'il se trouve dans mon livre quelques idées *trop avancées* ou exprimées de manière à blesser la susceptibilité de certains esprits, je prie les personnes qui m'ont honorée de leur bienveillante coopération d'être bien persuadées que je n'ai jamais eu la pensée de

(1) Quelques personnes seulement ont lu les trois premiers chapitres.

surprendre leur confiance. — Je crois fermement que je lance dans le public un livre *bon, utile;* et si je m'égare, si je me trompe, j'atteste que *mes intentions* sont *pures, loyales,* et que je suis *de bonne foi.*

A présent parlons de la partie matérielle.

Au moyen des *dons* et *souscriptions,* j'ai pu faire composer, imprimer et clicher le livre de l'UNION-OUVRIÈRE. — Ce livre constitue une petite propriété. — Si les ouvriers comprennent bien la portée de ce livre, il s'en vendra un grand nombre d'exemplaires,—et le produit de cette propriété pourra être alors plus ou moins considérable. — Je prends ici l'engagement de ne jamais employer le produit de cette propriété *à mes dépenses personnelles.* — Mon intention est de faire, avec cet argent, d'autres petits livres dont le but serait le même : *l'instruction des classes ouvrières.*

Quant à cette première édition (tirée à 4,000 exemplaires) elle ne rapportera presque rien, et en voici la raison. D'abord il faudra donner un grand nombre d'exemplaires à tous les donateurs : ensuite j'en enverrai *a toutes les sociétés de compagnonnage du tour de France, à la société de l'Union, etc.* Il faudra aussi en envoyer à un grand nombre de personnes de toutes conditions. Comme je veux faire connaître l'*idée*, je pense que près de 3,000 exemplaires seront distribués ainsi. Au reste, lors de la deuxième édition, je donnerai un compte exact du placement des 4,000 exemplaires du premier tirage, et chaque donateur recevra un nouvel exemplaire.

Je vais mettre sous les yeux du lecteur la liste de souscription. — Plusieurs personnes ont désiré garder l'anonyme et j'ai respecté leur volonté. — D'autres n'ont voulu que des initiales. J'ai mis, autant que possible, la qualité ou la profession de chacun, afin de faire voir que je me suis adressée à toutes les classes de la société. Quant aux députés, j'ai cru devoir ne publier le nom d'aucun d'eux, afin de les laisser parfaitement libres d'attaquer ou de soutenir les idées émises dans ce livre.

NOMS DES SOUSCRIPTEURS.

———

	fr.	c.
MM.		
1. Mme FLORA TRISTAN.	100	«
2. M^llo ALINE TRISTAN, ouvrière en modes.	5	«
3. JULES LAURE, peintre.	20	«
4. MARIE MADELAINE, domestique.	1	50
5. ADOLPHY, architecte des parcs et jardins.	10	«
6. ED, K, rentier.	10	«
7. Le D^r. E..., souscription de plusieurs amis qui se sont réunis.	100	«
8. Le colonel BORY de SAINT-VINCENT.	10	«
9. de LA St HARDIÈRE.	5	«
10. G, de B, député.	30	«
11. S., député.	20	«
12. Un soldat.	1	50
13. NOEL TAPHANEL, porteur d'eau.	«	50
14. P. J. de BÉRANGER.	10	«
15. VICTOR CONSIDÉRANT.	10	«
16. DESROCHES, ingénieur.	10	«
17. L., député.	25	«
18. Veuve AUGENDRE, blanchisseuse.	1	50
19. MARIE MOURET, domestique.	«	50
20. Un anonyme.	2	«
21. Un prêtre.	10	«
22. ALPHONSE MASSON, peintre.	5	«
23. H. RAIMOND, propriétaire.	15	«
24. S., pair de France.	5	»
25. Un anonyme.		

MM.	fr.	c.
26. CH., négociant.	200	«
27. L., député.	5	«
28. MARTEAU, concierge.		50
29. Mme DUMOUTIER.	5	«
30. JULES DELECLUSE, négociant.	3	«
31. DÉCHEVAUX-DUMESNIL, horloger.		50
32. B. LEVILLAIN, avocat.	4	«
33. G. C.	10	«
34. GUÉRIN, propriétaire.	40	«
35. RENAUD, propriétaire.	10	«
36. Le docteur VOISIN.	20	«
37. ED. de POMPÉRY.	5	«
38. EUGÈNE SUE.	100	«
39. Mme J. LORMEAU.	1	50
40. GEORGES SAND.	40	«
41. V. SCHOELCHER.	40	«
42. P. E.	10	«
43. Mlle JOSÉPHINE FOURNIER.		50
44. Un anonyme.	100	«
45. Mme de MARLIANI.	10	»
46. C...., député.	20	»
47. Le chevalier RABA, propriétaire.	20	«
48. de B., député.	10	»
49. JULES LEFÈVRE, homme de lettres.	5	«
50. ROSSI.	10	«
51. Le général JORRY.		50
52. EUSTACHE J...	10	«
53. CHARLES PONCY, ouvrier maçon à Toulon.	5	«
54. PHIQUEPAL D'ARUSMONT.	25	«
55. Mme HORTENSE ALLART.	5	«
56. ARSENNE, peintre.	10	«
57. ETEX, statuaire.	5	«
58. Mme PAULINE ROLAND.	5	«
59. BLANQUI, directeur de l'Ecole du Commerce.	15	«
60. BOCAGE, artiste dramatique.	20	«
61. FRÉDÉRICK-LEMAITRE, artiste dramatique.	10	«
62. AGRICOL PERDIGUIER, ouvrier menuisier.	3	«
63. VEZÉ, négociant.		50

MM.	fr.	c.
64. de L., député.	10	«
65. Mme SOPHIE D., rentière.	5	«
66. JACQUES LEGRAND, ouvrier bonnetier.	1	50
67. H. C. député.	5	»
68. M. député.	5	«
69. MARTINEZ DE LA ROSA, ex-ministre.	5	«
70. Mme VIRGINIE ANCELOT, auteur dramatique.	20	«
71. M. LOUIS BLANC.	5	«
72. Mme J. BACHELLERY, maîtresse de pension.	5	«
73. B. député.	10	«
74. VICTOR HENNEQUIN, avocat.	5	«
75. F. PONSARD, auteur dramatique.	5	«
76. Mme DESBORDES VALMORE.	5	«
77. Mme BIBEREL DE SAINT-GERMAIN.	5	«
78. ROSENFELD, ouvrier lithographe.	3	«
79. BLAERE, ouvrier cordonnier.		80
80 Un anonyme.	2	«
81. VINÇARD, ouvrier en mesures linéaires.	2	«
82. Mlle CÉCILE DUFOUR.	1	«
83. Mme ANAIS SÉGALAS.	5	«
84. Mme la baronne d'AURILLAC.	5	«
85. Le comte de LAROCHE-LAMBERT.	5	«
86. Un anonyme.	5	«
87. CHAALES, rentier.	5	«
88. Mme la baronne ALOYSE DE CARLOWITZ.	5	«
89. Mlle SYDONIE DE CARLOWITZ.	3	«
90. Une dame polonaise.	10	«
91. CÉSAR DALY, architecte.	10	«
92. C. coiffeur.	1	«
93. P. DURAND, ouvrier menuisier à Fontainebleau.	5	«
94. de CHÉNIER, avocat.	5	«
95. ÉMILE SOUVESTRE, auteur dramatique.	5	«
96. LOUIS WOLOWSKI, professeur de législation industrielle au Conservatoire.	5	«
97. de C. député.	20	«
98. J. L.	5	«
99. A. C. député.	10	«
100. TISSOT, de l'Académie-Française.	5	«

MM.	fr.	c.
101. PIERRE MOREAU, ouvrier serrurier à Auxerre.	5	«
102. Mme LOUISE COLET.	5	»
103. PAUL RENOUARD, imprimeur.	5	«
104. AUGUSTE BARBIER.	10	»
105. FIRMIN DIDOT, frères, imprimeurs.	10	»
106. A., député.	10	»
107. LACOUR et MAISTRASSE, imprimeurs.	10	«
108. C., propriétaire.	10	»
109. Mme EUGÉNIE LEMAITRE.	1	50
110. E. BARRAULT.	10	»
111. G. DUPREZ, artiste lyrique.	5	
112. Mme ÉMELIE, ouvrière en modes.	1	«
113. CELSE PARETO, architecte.	25	»
114. PAUL DE KOCK.	1	»
115. P. POULTIER, artiste lyrique.	5	«
116. GUSTAVE BARBA, éditeur-libraire.	5	»
117. E. D., avoué.	10	«
118. Un anonyme.	5	»
119. Mme M., rentière.	2	»
120. Un anonyme.	5	»
121. L. DESNOYERS.	5	«
122. MARIE DORVAL, artiste dramatique.	5	»
123. Quatre étudiants.	4	»

Total des recettes. 1,548 »

DÉPENSES. — Frais d'impression, de papier, de clichage, etc. 932 »

Toutes dépenses payées, il me reste, comme on le voit, 616 fr. Cet argent sera employé en frais de poste et autres.

Tous ces détails paraîtront peut-être un

peu longs ; mais si le lecteur tient compte de ma position toute exceptionnelle, il comprendra que je devais donner cette explication.

Il ne me reste plus qu'à prier toutes les personnes qui ont bien voulu m'aider de leur concours et m'honorer de leur sympathie, d'agréer ici mes sincères remercîments.

FLORA TRISTAN.

Ce 17 mai 1843.

AUX HOMMES ET AUX FEMMES

QUI SE SENTIRONT :

FOI. — AMOUR. — INTELLIGENCE. —

FORCE. — ACTIVITÉ.

J'aurais désiré pouvoir mettre en tête de ce petit livre un *chant* qui résumât mon idée : — L'UNION, — et pour refrain : — « Frères, unissons-nous ! — Sœurs, unissons-nous ! » — Le chant produit sur les ouvriers réunis en masse un effet extraordinaire qui tient du *magnétisme*. A l'aide d'un chant, on peut, à volonté, en faire des héros propres à la guerre, ou des hommes religieux propres à la paix.

Je suis allée droit chez Béranger, le poète de *tous*, lui demander le chant de l'UNION. — Le grand poète et l'excellent homme m'a reçue d'une manière toute fraternelle, et m'a dit, avec une naïveté digne du bon Lafontaine : — Votre titre est beau, très beau ! mais faire un chant qui réponde à ce titre, ce sera difficile, et je ne fais pas des chants quand et comme je voudrais. — Il faut pour cela que j'attende l'*inspiration...*, et je me fais vieux, je suis malade, et dans cet état, l'inspiration se fait attendre. — Enfin, si le *chant* me vient, je l'offrirai aux ouvriers, comme l'expression de mon affectueuse sympathie.

J'écrivis ensuite à M. de Lamartine ; il me répondit — qu'une *Marseillaise de la paix* présentait de grandes difficultés ; — il finissait sa lettre en me promettant qu'il y *penserait*, et que, s'il parvenait à faire quelque chose de satisfaisant, il me l'enverrait pour le petit livre de l'UNION OUVRIERE.

J'ai écrit aussi à ce sujet à plusieurs *ouvriers poètes.* — Espérons qu'ils répondront à mon appel, que cette grande et belle pensée de la fraternité humaine les inspirera, et qu'ils chanteront l'UNION.

AUX OUVRIERS ET AUX OUVRIÈRES.

OUVRIERS ET OUVRIÈRES,

Écoutez-moi : — Depuis vingt-cinq ans, les hommes les plus intelligents et les plus dévoués ont consacré leur vie à la défense de votre sainte cause (1); ils ont, par des écrits, des discours, des rapports, des mémoires, des enquêtes, des statistiques, signalé, constaté, démontré au Gouvernement et aux riches que la classe ouvrière est, en l'état actuel des choses, placée matériellement et moralement dans une situation intolérable de misère et de douleur; — ils ont démontré que, de cet état d'abandon et de souffrance, il résultait nécessairement que la plupart des ouvriers, aigris par le malheur, abrutis par l'ignorance et un travail excédant leurs forces, devenaient des êtres dangereux pour la société : — ils ont prouvé au Gouvernement et aux riches que non seulement la justice et l'humanité imposaient le devoir de venir au secours des classes ouvrières par une loi sur l'organisation du travail, mais que même l'intérêt et la sûreté générale réclamaient impérieusement cette mesure : — Eh bien! depuis vingt-cinq ans, tant de voix éloquentes n'ont pu parvenir à éveiller la solli-

(1) Saint-Simon, Owen, Fourier et leurs écoles ; Parent-Duchâtelet, Eugène Buret, Villermé, Pierre Leroux, Louis Blanc, Gustave de Beaumont, Proudhon, Cabet; — et parmi les ouvriers, Adolphe Boyer, Agricol Perdiguier, Pierre Moreau, etc.

citude du Gouvernement sur les dangers que court la société en face de 7 à 8 millions d'ouvriers exaspérés par la souffrance et le désespoir, et dont un grand nombre se trouve placé entre le suicide... ou le vol !...

Ouvriers, que peut-on dire maintenant pour la défense de votre cause ?... Depuis vingt-cinq ans, tout n'a-t-il pas été dit et redit sous toutes les formes jusqu'à satiété? Il n'y a plus rien à dire, plus rien à écrire, car votre malheureuse position est bien connue de *tous*. Il ne reste qu'une chose à faire : *agir en vertu des droits inscrits dans la Charte.*

Or, le jour est venu où il faut *agir*, et c'est à vous, *à vous seuls*, qu'il appartient d'agir dans l'intérêt de votre propre cause. — Il y va pour vous de la vie... ou de la mort! de cette mort horrible qui tue à chaque instant : la *misère* et la *faim!*

Ouvriers, cessez donc d'attendre plus longtemps l'intervention qu'on réclame pour vous depuis vingt-cinq ans. L'expérience et les faits vous disent assez que le Gouvernement *ne peut* ou *ne veut* pas s'occuper de votre sort quand il est question de l'améliorer. — De vous seuls il dépend de sortir, si vous le voulez fermement, du dédale de misères, de douleurs et d'abaissement où vous languissez. Voulez-vous assurer à vos enfants le bénéfice d'une bonne éducation industrielle, et à vousmêmes la certitude du repos dans votre vieillesse ?— Vous le pouvez.

Votre action, à vous, ce n'est pas la révolte à main armée, l'émeute sur la place publique, l'incendie ni le pillage.—Non; car la destruction, au lieu de remédier à vos maux, ne ferait que les empirer. Les émeutes de Lyon et de Paris sont venues l'attester. — Votre action, à vous, vous n'en avez qu'une ; légale, légitime, avouable devant Dieu et les hommes : — C'est l'UNION UNIVERSELLE DES OUVRIERS ET DES OUVRIERES.

Ouvriers, votre condition dans la société actuelle est misérable, douloureuse : — En bonne santé, vous n'avez pas *droit au travail*; — Malades, infirmes, blessés, vieux, vous n'avez pas même *droit à l'hôpital*; — Pauvres, manquant de tout, vous n'avez pas *droit à l'aumône*, car la mendicité est défendue par la loi. — Cette situation précaire vous plonge dans l'état sauvage où l'homme, habitant des forêts, est obligé chaque matin de songer au moyen de se procurer la nourriture de la journée. — Une semblable existence est un véritable supplice. Le sort de l'animal qui rumine dans l'étable est mille fois préférable au vôtre; il est sûr, lui, de *manger le lendemain;* son maître lui garde dans la grange, de la paille et du foin pour l'hiver. Le sort de l'abeille, dans son trou d'arbre, est mille fois préférable au vôtre. Le sort de la fourmi, qui travaille en été pour vivre tranquille en hiver, est mille fois préférable au vôtre. — Ouvriers, vous êtes malheureux, oui, sans doute; mais, d'où vient la principale cause de vos maux?... Si une abeille et une fourmi, au lieu de travailler de concert avec les autres abeilles et fourmis à approvisionner la demeure commune pour l'hiver, s'avisaient de se séparer et de vouloir travailler seules, elles aussi mourraient de froid et de faim dans leur coin solitaire. Pourquoi donc restez-vous dans l'isolement?... — Isolés, vous êtes faibles et tombez accablés sous le poids des misères de toutes sortes! — Eh bien! sortez de votre isolement : unissez-vous! — *L'union fait la force.* Vous avez pour vous le nombre, et le nombre, c'est beaucoup.

Je viens vous proposer une *union générale* entre les ouvriers et ouvrières, sans distinction de métiers, habitant le même royaume; union qui aurait pour but de CONSTITUER LA CLASSE OUVRIERE et d'élever plusieurs établissements (Palais de l'UNION OUVRIERE), répartis également dans toute la France. Là, seraient élevés des enfants des deux sexes, de six à dix-huit ans, et on y recevrait les ouvriers infirmes ou blessés et les vieillards (1). Ecoutez parler les chiffres, et vous aurez une idée de ce qu'on peut faire avec l'UNION.

Il y a en France environ 5 millions d'ouvriers et

(1) Voir le chapitre IV. Comment on procédera aux admissions.

2 millions d'ouvrières (1). Que ces 7 millions d'ouvriers s'unissent par la pensée et l'action en vue d'une grande œuvre commune, au profit de *tous* et de *toutes* : que chacun donne pour cela 2 fr. par an, et au bout d'une année L'UNION OUVRIÈRE possédera la somme énorme de *quatorze millions*.

Vous allez me dire: —Mais comment nous *unir* pour cette grande œuvre?... Par position et rivalité de métiers nous sommes tous dispersés, souvent même ennemis et en guerre les uns contre les autres. — Puis 2 fr. de cotisation par an, c'est beaucoup pour de pauvres journaliers !

A ces deux objections je répondrai :—Que *s'unir* pour la réalisation d'une grande œuvre, ce n'est pas *s'associer*. Les soldats et marins qui, par une retenue sur leur solde, contribuent, chacun pour une part égale, dans le fonds commun qui sert à entretenir 3,000 soldats ou marins à l'Hôtel des Invalides, ne sont pas, pour cela, *associés* entre eux. Ils n'ont besoin, ni de se connaître, ni de sympathiser d'opinions, de goûts et de caractères. Il leur suffit de savoir que tous les militaires, d'un bout de la France à l'autre, versent la même cotisation : ce qui assure aux blessés, aux infirmes et aux vieillards, leur entrée *de droit* à l'Hôtel des Invalides.

Quant à la somme, je le demande, quel est celui des ouvriers, même parmi *les plus pauvres*, qui ne pourra pas, en économisant un peu, trouver, dans le cours d'une année, 2 fr. de cotisation, afin de s'assurer une retraite pour ses vieux jours (2)?—Eh quoi! vos voisins, les malheureux Irlandais, *le peuple le plus pauvre de toute la terre*, le peuple qui ne mange *que des pommes de terre*, et n'en mange *que de deux jours l'un* (3)!.. un

(1) Voir, pour l'exactitude de ces chiffres, les ouvrages des statisticiens, et le remarquable travail de M. Pierre Leroux, *de la Ploutocratie.*

(2) Cela ne fait que 17 centimes par mois.

(3) L'Irlandais ne mange de viande qu'*une fois l'an*, le jour de Noël.

»Tous, étant pauvres, n'emploient pour se nourrir que l'aliment tel peuple (il ne compte que sept millions d'âmes) aurait trouvé les moyens de faire à peu près *deux millions de rentes* à un seul homme (O'Connell) (1), son défenseur, il est vrai, mais enfin à *un seul homme*, et cela pendant *douze ans!* — Et vous, peuple Français, *le plus riche de toute la terre*, vous ne trouveriez pas les moyens de bâtir des palais vastes, salubres, commodes, pour recevoir vos enfants, vos blessés et vos vieillards? — Oh! ce serait une véritable honte, une honte éternelle qui accuserait votre égoïsme, votre insouciance et votre inintelligence! Oui, oui, si les ouvriers irlandais allant nu-pieds et le *ventre creux*, ont donné, *pendant douze ans, deux millions d'honoraires* à leur défenseur O'Connell, vous pouvez bien vous, ouvriers Français, donner quatorze millions par an pour loger et nourrir vos *braves vétérans du travail* et élever les *novices*.

Deux francs par an!... Quel est celui d'entre vous qui ne paie pas, pour ses *petites associations particulières* de compagnonnage, de secours mutuels et autres, ou enfin pour ses *petits défauts d'habitude*, comme tabac, café, eau-de-vie, etc., dix et vingt fois cette somme? Deux

le moins cher dans le pays, les pommes de terre, mais tous n'en consomment pas la même quantité : les uns, et ce sont les privilégiés, en mangent trois fois par jour; d'autres, moins heureux, deux fois; ceux-ci, en état d'indigence, une fois seulement, il en est qui, plus dénués encore, demeurent un jour, deux jours même, sans prendre aucune nourriture.»

(*L'Irlande sociale, politique et religieuse*, par M. G. de Beaumont, première partie, chap. I. — Voir, pour plus amples détails, la suite du chap.)

(1) O'Connell a adressé la réponse suivante à lord Shrewsbury, qui lui avait reproché la subvention annuelle et volontaire de 75,000 liv. sterl. (1,875,000 fr.) que lui paye l'Irlande.

Suit la réponse d'O'Connell, qui est très belle, et terminée par ces mots : « Je suis fier de le proclamer, *je suis le serviteur salarié de l'Irlande*, et c'est une *livrée* que je me glorifie de porter. »

(*Séance de la Chambre des Communes, octobre 1842.*)

francs pour chacun, c'est peu de chose à trouver (1), et chacun, en donnant ce *peu de chose*, produit un total de *quatorze millions !*... Voyez quelle richesse vous possédez, seulement *par votre nombre!* Mais, pour jouir de cette richesse, il faut que le nombre se *réunisse*, forme *un tout, une unité.*

Ouvriers, mettez donc de côté toutes vos petites rivalités de métiers et formez, en dehors de vos associations particulières, une UNION compacte, solide, indissoluble. Que demain, que tout de suite s'élève spontanément de tous les cœurs une même et unique pensée: — L'UNION! Que ce cri *d'union* retentisse par toute la France, et dans un an, si vous le voulez fermement, L'UNION OUVRIÈRE SERA CONSTITUÉE, et dans deux ans vous aurez en caisse, à vous, *bien à vous,* quatorze millions, pour vous bâtir un palais, digne du grand peuple des travailleurs.

Sur la façade, au-dessous du fronton, vous inscrirez en lettres de bronze:

PALAIS DE L'UNION OUVRIÈRE,

CONSTRUIT ET ENTRETENU AU MOYEN D'UNE COTISATION ANNUELLE DE 2 FR. DONNÉE PAR LES OUVRIERS ET OUVRIÈRES POUR HONORER LE TRAVAIL COMME IL MÉRITE DE L'ÊTRE, ET RÉCOMPENSER LES TRAVAILLEURS, EUX *qui nourrissent la nation, l'enrichissent et constituent sa véritable puissance.*

HONNEUR AU TRAVAIL!

respect et gratitude aux braves vétérans du travail!

Oui, c'est à vous, champions du travail, qu'il appartient d'élever les premiers la voix pour honorer *la seule chose vraiment honorable,* le Travail.—C'est à vous, producteurs, méprisés jusqu'ici par ceux qui vous exploitent, qu'il appartient d'élever les premiers un

(1) On pourra donner la cotisation en deux fois.

PALAIS pour retraite à vos vieux travailleurs. — C'est à vous, ouvriers qui construisez les palais des rois, les palais des riches, les temples de Dieu, les maisons et asiles où s'abrite l'humanité, qu'il appartient de construire enfin un asile où vous puissiez mourir en paix, vous qui n'avez eu encore où reposer vos têtes que l'hôpital, *quand il y a place.* — A l'œuvre donc! à l'œuvre!!

Ouvriers, réfléchissez bien à l'effort que je viens tenter auprès de vous afin de vous arracher à la misère. Oh! si vous ne répondiez pas à cet APPEL D'UNION, si, par égoïsme ou par insouciance, vous refusiez de vous UNIR..., que pourrait-on faire désormais pour vous sauver?

Frères, une pensée désolante vient frapper au cœur tous ceux qui écrivent pour le peuple, c'est que ce pauvre peuple est tellement abandonné, tellement surchargé de travail dès le bas âge, que les trois quarts *ne savent pas lire* et l'autre quart *n'a pas le temps de lire.* — Or, faire un livre pour le peuple, c'est jeter une goutte d'eau dans la mer. C'est pourquoi j'ai compris que si je me bornais à mettre mon projet D'UNION UNIVERSELLE sur le papier, tout magnifique qu'il est, ce projet serait lettre morte, comme il a été de tant d'autres plans déjà proposés. J'ai compris que, mon livre publié, j'avais une autre œuvre à accomplir, c'est d'aller moi-même, mon projet d'union à la main, de ville en ville, d'un bout de la France à l'autre, parler aux ouvriers *qui ne savent pas lire* et à *ceux qui n'ont pas le temps de lire.* — Je me suis dit que le moment est venu d'agir; et pour celui qui aime réellement les ouvriers, qui veut se dévouer corps et âme à leur cause, il y a une belle mission à remplir. Il faut qu'il suive l'exemple donné par les premiers apôtres du Christ. — Ces hommes, bravant la persécution et les fatigues, prenaient une besace et un bâton, et s'en allaient de pays en pays prêchant la LOI NOUVELLE : *la fraternité en Dieu, l'union en Dieu.* — Eh bien! pourquoi, moi femme qui me sens foi et force n'irais-je pas, de même

1*

que les apôtres, de ville en ville, annonçant aux ouvriers la BONNE NOUVELLE et leur prêchant la *fraternité en l'humanité, l'union en l'humanité.*

A la tribune des Chambres, dans la chaire chrétienne, dans les assemblées du monde, sur les théâtres, et surtout dans les tribunaux, on a parlé souvent *des ouvriers;* mais personne encore n'a essayé de parler *aux ouvriers.* — C'est un moyen qu'il faut tenter. Dieu me dit qu'il réussira. — C'est pourquoi j'ouvre avec confiance cette nouvelle voie. — Oui, j'irai les trouver dans leurs ateliers, dans leurs mansardes et jusque dans leurs cabarets, s'il le faut, et là, en face de leur misère, je les attendrirai sur leur propre sort, et les forcerai, *malgré eux,* à sortir de cette effroyable misère qui les dégrade et les tue.

I.

De l'Insuffisance des Sociétés de Secours, Compagnonnage, etc.

C'est en lisant le *Livre du Compagnonnage* de M. Agricol Perdiguier (ouvrier menuisier), — la petite brochure de M. Pierre Moreau (ouvrier serrurier) (1), — le *Projet de régénération du Compagnonnage*, par M. Gosset, père des forgerons, que mon esprit fut frappé, illuminé par cette grande idée de l'UNION UNIVERSELLE DES OUVRIERS ET DES OUVRIÈRES.

Dans les trois petits ouvrages très remarquables que je viens de citer, on voit la question des ouvriers envisagée *par des ouvriers*, hommes intelligents et consciencieux, qui connaissent parfaitement le sujet qu'ils traitent. Ce sont trois ouvrages pensés et écrits avec bonne foi : à chaque page on y découvre un amour ardent et sincère de l'humanité, qualités précieuses qui ne se rencontrent pas toujours dans les

(1) Lorsque j'ai écrit ce chapitre, le dernier ouvrage de M. P. Moreau n'avait pas paru.

savants ouvrages écrits par nos célèbres économistes.

Après nous avoir montré le compagnonnage tel qu'il est aujourd'hui, les trois *ouvriers-écrivains*, chacun selon son caractère et sa manière de voir, ont proposé des réformes notables aux diverses associations du compagnonnage (M. P. Moreau surtout). — Sans nul doute, ces réformes pourraient améliorer *les mœurs des ouvriers;* mais, je dois le dire, ce qui m'a frappée, c'est de voir que parmi les améliorations proposées par MM. Perdiguier, Moreau et le *père des forgerons,* aucune n'était de nature à apporter *une amélioration véritable et positive dans la situation matérielle et morale de la classe ouvrière.* — En effet, supposons que toutes ces réformes puissent se réaliser; supposons que, selon le vœu de M. Perdiguier, les compagnons *ne se battent plus entre eux;* — que, selon le vœu de M. Moreau, toute distinction de métiers ait disparu, et que le compagnonnage ne forme plus qu'une *Union générale;* — que, selon le vœu du père des forgerons, les compagnons ne soient plus exploités par les cabaretiers (*mères*): — certes, ce serait là de beaux résultats! — Eh bien! je le demande en quoi ces réformes changeraient-elles la position précaire et misérable où se trouve plongée la classe ouvrière? — En rien, ou au moins en très peu de chose.

Je ne sais comment m'expliquer pourquoi ces trois ouvriers-écrivains, qui ont fait preuve de tant d'intelligence lorsqu'il s'agit de signaler *de petites réformes particulières,* n'ont pas songé à proposer un plan d'*union générale,* dont le but serait *de placer la classe ouvrière* dans une position sociale qui la mette à même de pouvoir réclamer son *droit au travail,* son *droit à l'instruction,* et son *droit à la représentation devant le*

pays; car il est bien clair que de là découleraient naturellement toutes les autres améliorations. Cette
même *lacune,* si importante, dans les trois écrits
désignés, fit sur moi une impression profonde, et c'est
alors que mon esprit fut illuminé par cette grande
et belle pensée de l'UNION UNIVERSELLE DES
OUVRIERS ET OUVRIERES.

En réfléchissant aux causes qui produisent les abus
et les maux de toutes sortes signalés par les ouvriers-
écrivains, je vis d'où partait le mal et compris à l'instant quel remède on y peut appliquer. — La *cause*
véritable, la *cause unique* de tous les maux qui affli-
gent la classe ouvrière, n'est-ce pas la MISERE ?

Oui, c'est la MISERE : — car, par la misère, la
classe ouvrière est condamnée *à perpétuité,* à croupir
dans l'ignorance ; — et, par l'ignorance, la classe
ouvrière est condamnée, *à perpétuité,* à croupir dans
l'abrutissement et l'esclavage ! — C'est donc contre
la misère qu'elle doit lutter ; c'est là son ennemi le
plus redoutable !...

Proposer un moyen qui, par son exécution simple
et facile, procure à la classe ouvrière la possibilité de
sortir graduellement, et sans secousses violentes, de
l'état précaire où elle est plongée, est, selon moi,
l'unique but que doivent se proposer tous ceux qui
désirent sincèrement l'amélioration véritable et efficace de la classe la plus *nombreuse* et la plus *utile* (1).
— C'est ce moyen, facile à réaliser, efficace par les
importants résultats qu'il assure, que je viens proposer.

(1) Je ne sais pourquoi les Saint-Simoniens disaient — « la
classe la plus *nombreuse* et la plus *pauvre.* » — — La *pauvreté*
n'est pas une *qualité,* bien s'en faut ! — J'ai remplacé le mot
pauvre par le mot — *utile,* parce qu'il est *exact,* — et l'*utilité* étant
une *qualité précieuse,* elle devient pour la classe laborieuse un
titre incontestable.

Ouvriers, je dois vous en prévenir, je ne vous flatterai point, — je hais la flatterie; — mon langage sera franc, sévère; parfois vous le trouverez un peu rude. Je crois qu'il est utile, urgent, indispensable, qu'on vous dise franchement et nettement, sans craindre de froisser votre amour-propre, quels sont vos défauts. Quand on veut guérir une plaie, on la met à nu pour bien la sonder, puis on coupe dans le vif, et elle se guérit.

Si je vous parle avec cette franchise à laquelle vous n'êtes pas accoutumés, au lieu de me repousser, ne m'en écoutez qu'avec plus d'attention, car ayez toujours présent à la pensée que ceux qui vous flattent ont pour but de *se servir de vous*, et non de *vous servir*.

« Je vous dis ces vérités touchant vos défauts, disait Jésus, parce que je vous aime; — ceux qui vous flattent ne vous aiment pas. »

II.

Des Moyens de constituer la Classe Ouvrière.

Il est très important que les ouvriers comprennent bien la différence qui existe entre L'UNION OUVRIERE dont j'ai conçu l'idée et ce qui existe aujourd'hui sous ces titres d'*Association de compagnonnage, L'union, Secours mutuels,* etc.

Le but de toutes ces diverses associations particulières est tout simplement de s'entr'aider et de se secourir, mutuellement et individuellement, entre *membres de la même société.* — Aussi ces sociétés se sont établies dans la prévision des cas de *maladies, d'accidents,* et *longs chômages.*

Dans l'état actuel d'isolement, d'abandon et de

misère où se trouve la classe ouvrière, ces sortes de sociétés sont très utiles, puisque leur but est d'aider, par de petits secours, les plus nécessiteux, et d'adoucir par là des souffrances personnelles qui, souvent, excèdent les forces et le courage de ceux sur lesquels elles tombent. J'approuve donc beaucoup ces sociétés, et j'engage les ouvriers à les multiplier, tout en les épurant des abus qu'elles peuvent renfermer. — Mais *soulager la misère* n'est pas *la détruire; adoucir* le mal n'est pas *l'extirper*. Si enfin on veut se décider à attaquer le mal dans sa racine, évidemment il faut autre chose que des *sociétés particulières*, dont l'unique but est *de soulager les souffrances individuelles*.

Examinons ce qui se passe dans ces diverses sociétés particulières, et voyons si ce mode d'agir peut réellement améliorer le sort de la classe ouvrière.

Dans chaque société on emploie le montant des cotisations à donner tant par jour (50 c., 75 c., 1 fr. 50 c., 2 fr.) à ceux qui se trouvent malades, et, dans quelques cas, à ceux qui manquent d'ouvrage depuis un certain espace de temps. S'il arrive des cas fortuits, comme, par exemple, celui d'être mis en prison, on a droit aussi aux secours jusqu'au jugement. Dans les sociétés de compagnonnage on s'entr'aide encore plus efficacement : les compagnons procurent de l'ouvrage à ceux qui arrivent dans les villes de province, et répondent chez *la mère*, jusqu'à une certaine limite, des dépenses que ces arrivants peuvent faire pendant qu'ils attendent qu'on leur ait trouvé de l'ouvrage. — Voilà pour la partie matérielle. Quant à la partie morale, elle consiste en ce que chaque membre de la même société se fait *un devoir* d'aller visiter les sociétaires malades, soit chez eux, soit à l'hospice, et aussi les prisonniers. Je le répète, dans l'état actuel des choses, ces sortes de sociétés, qui dénotent au moins une grande sympathie, sont très utiles, parce qu'elles relient les ouvriers entre eux, les moralisent par le cœur, adoucissent leurs mœurs et allègent leurs cruelles souffrances. — Mais cela est-il suffisant? non, certes non! — puisqu'en définitive ces sortes de sociétés ne peuvent (et elles n'en ont pas la prétention) changer en rien ni même améliorer *la position matérielle et morale de la classe ouvrière*. — Le père, membre d'une de ces sociétés, vit misérable, souffre et n'a point l'espoir consolant de penser que ses fils seront mieux que lui; ceux-ci, à leur tour, membres de la même société, vivront, comme leur père, misérables, sans nul espoir que leurs enfants seront mieux qu'eux. Remarquons le bien, toute société qui agit au nom de l'individualité, et se propose pour but *le soulagement temporaire de l'individu*, offre invariablement le même caractère. — Malgré tous ses efforts elle ne pourra rien *créer de grand*, de bon et capable d'amener un résultat notable (1). — Ainsi, avec vos sociétés particulières, telles qu'elles sont établies depuis le roi Salomon jusqu'à ce jour, Ouvriers, dans cinquante siècles la position matérielle et morale de la classe ouvrière n'aura pas changé : elle aura toujours pour lot LA MISÈRE, L'IGNORANCE et L'ESCLAVAGE,

(1) Depuis l'établissement du christianisme, il y a toujours eu dans les pays chrétiens des milliers de sociétés dites *charitables*, dont le but était de *soulager les souffrances individuelles de la classe pauvre*. — Eh bien! malgré les *bonnes intentions* de ces sociétés, *la classe pauvre est toujours restée aussi pauvre.* — En Angleterre, où la classe pauvre littéralement *meurt de faim*, il existe pourtant un nombre infini de ces sociétés charitables. De plus, la charité *forcée*, la *taxe des pauvres*, s'élève de 2 à 300 millions par année, sans y comprendre l'Ecosse ni l'Irlande (l'Angleterre a 12 millions d'habitants). — Tous les ans cette taxe des pauvres *augmente*; eh bien! la pauvreté de la classe ouvrière *augmente sur une échelle beaucoup plus grande encore...*

sauf la variété et le changement du nom à donner aux esclaves.

Où donc est le mal?..—Le mal est dans cette organisation bâtarde, mesquine, égoïste, absurde, qui divise la classe ouvrière en une multitude de petites sociétés particulières, comme au moyen-âge les grands empires (1), que nous voyons aujourd'hui si forts, si riches, si puissants, étaient divisés en *petites provinces*, et les petites provinces en *petits bourgs*, jouissant de leurs *droits et franchises*. — Eh! quels droits! c'est-à-dire que petites provinces et petits bourgs, en guerre continuelle les uns contre les autres (et aujourd'hui la guerre, c'est la concurrence), étaient pauvres, faibles, et pour *tout droit*, avaient celui de gémir sous le poids de leur misère, de leur isolement et des calamités affreuses qui étaient le résultat inévitable de cet état de division.— Je ne crains donc pas de le répéter, le vice radical, celui qu'il faut attaquer sur tous les points, c'est ce système de morcellement qui décime les ouvriers, système qui ne peut engendrer que le mal.

Je pense que cette courte analyse de ce qui est suffira pour éclairer les ouvriers sur la cause véritable de leurs maux. — *la division.*

Ouvriers, il faut donc sortir au plus vite de cette voie de division et d'isolement où vous êtes, et marcher courageusement et fraternellement dans l'unique voie qui vous convienne, — l'*union*. — Le projet d'union que j'ai conçu, repose sur une base large, et son esprit est capable de satisfaire pleinement aux exigences morales et matérielles d'un grand peuple.

Quel est le but et quel sera le résultat *de l'union universelle des ouvriers et ouvrières ?*

(1) La France, l'Angleterre, la Russie, l'Autriche, les Etats-Unis, les seuls qui soient encore constitués en unité.

Elle a pour but :

1° De CONSTITUER L'UNITÉ compacte, indissoluble de la CLASSE OUVRIÈRE ; — 2° De rendre, au moyen d'une cotisation volontaire donnée par chaque ouvrier, l'UNION OUVRIÈRE propriétaire d'un capital énorme ; — 3° D'acquérir, au moyen de ce capital, une puissance réelle, celle de l'argent ; — 4° Au moyen de cette puissance, de prévenir la misère et d'extirper le mal dans sa racine, en donnant aux enfants de la classe ouvrière une éducation solide, rationnelle, capable d'en faire des hommes et des femmes instruits, raisonnables, intelligents et habiles dans leur profession ; — 5° De récompenser le travail tel qu'il doit l'être, grandement et dignement.

Ceci est trop beau ! va-t-on s'écrier. C'est trop beau : or, *c'est impossible*.

Lecteurs, avant de paralyser les élans de votre cœur et de votre imagination par ce mot glacial : *c'est impossible*, ayez toujours présent à l'esprit que la France renferme 7 à 8 millions d'ouvriers ; qu'à 2 fr. de cotisation, cela fait au bout de l'année 14 millions ; — à 4 fr., 28 millions ; — à 8 fr., 56 millions ; — Ce résultat n'est nullement chimérique. Parmi les ouvriers il y en a qui sont aisés, et surtout beaucoup qui ont l'âme généreuse : les uns donneront 2 fr., les autres 4, 8, 10 ou 20 fr. — et songez à votre nombre, 7 millions ! (1)

(1) L'UNION OUVRIÈRE, telle que je l'ai conçue, aurait pour but : 1° *de constituer la classe ouvrière proprement dite*, et pour but ultérieur, de *rallier* dans une même pensée les 25 millions de travailleurs *non propriétaires* de toutes conditions que l'on compte en France, afin de défendre leurs intérêts et de réclamer leurs droits. — La classe ouvrière n'est pas la seule qui ait à souffrir des priviléges de la propriété : les artistes, les professeurs, les employés, les petits commerçants et une foule d'autres gens, même les *petits rentiers*, qui ne possèdent aucune

Maintenant examinons quels peuvent être les résultats de cette UNION OUVRIÈRE.

Je viens de démontrer qu'il n'était nullement impossible que 7 millions d'ouvriers, unis par cette pensée, — *de servir leur cause et leurs propres intérêts*, puissent réaliser, par une cotisation volontaire, 15, 20, 30, 40 ou 50 millions par an. — Appliqués aux rouages d'une grande machine comme celle du gouvernement, 20, 30 ou 50 millions ne sont presque rien ; mais appliqués à un objet spécial et employés avec ordre, économie et intelligence, 20, 30 ou 50 millions représentent une richesse énorme. J'ai dit qu'au moyen de ce capital l'UNION OUVRIÈRE pourrait acquérir une puissance réelle, celle que donne l'argent. Voyons comment :

Par exemple le peuple irlandais, au moyen de son union, a pu établir et soutenir ce qu'on appelle l'ASSOCIATION (1) ; — de plus il a pu constituer, par

propriété comme terres, maisons, capitaux, subissent fatalement les lois faites par les propriétaires siégeant à la Chambre. — Aussi, nous ne pouvons pas en douter, dès le moment où la classe *réellement supérieure*, celle qui domine par ses capacités, ses talents (bien que les propriétaires lui refusent l'entrée de la Chambre), aura compris de quelle importance il serait pour elle d'être liée d'intérêt et de sympathie à la classe ouvrière, il est évident que les 25 *millions* de non-propriétaires réuniront leurs efforts pour anéantir les effets des privilèges. — Et, dans ce but, tous donneront des cotisations plus ou moins fortes, selon qu'ils comprendront les résultats que doit avoir l'UNION OUVRIÈRE. — Alors, au lieu du chiffre de 14, 28, 56 millions, cité ici comme provenant de 7 à 8 millions d'ouvriers, dans l'hypothèse de la coopération des 25 millions de *non-propriétaires*, le montant des cotisations pourrait s'élever à 100 millions par an et plus.

(1) Le Nom de l'association irlandaise a changé très souvent ; — chaque fois qu'elle a été dissoute par le Gouvernement, elle s'est reformée aussitôt sous un nouveau nom. — Elle s'est appelée *Irlandais-Unis*. — *Association catholique*. — *Association*

une cotisation volontaire (1), une fortune colossale à un homme de cœur et de talent, O'Connell. — Suivez bien, et voyez quels peuvent être les résultats d'une union. — O'Connell s'est constitué le défenseur de l'Irlande. Largement rétribué par le peuple qui l'avait investi de son mandat, il a pu étendre sur une vaste échelle ses moyens d'attaque et de défense. — Jugeait-il à propos de publier 10, 20, 30 écrits, pour les répandre par milliers dans toute l'Irlande, — ayant de l'argent à sa disposition, il les publiait, et ses agents les distribuaient dans toutes les villes. — Jugeait-il important de faire arriver à la Chambre des Communes son fils, son gendre ou un ami dont il était sûr, il faisait répandre par ses agents, des guinées en masse parmi les électeurs, et le député de l'association arrivait à la Chambre pour défendre les intérêts de l'Irlande.

Si je cite toujours l'Irlande comme exemple, c'est parce que l'Irlande est encore *le seul pays* qui ait su

générale de l'Irlande. — *Société des Précurseurs.* — O'Connell assure qu'elle se nommera bientôt l'*Association nationale.* — Mais, sous ces diverses dénominations, c'est toujours le même esprit qui la dirige. — Voici ce que dit à ce sujet M. de Beaumont :

«C'est un des caractères particuliers de l'association de ne pas seulement surveiller le Gouvernement, mais de gouverner elle-même; elle ne se borne pas à contrôler le pouvoir, elle l'exerce. Elle fonde des écoles, des établissements charitables, lève des taxes pour leur soutien, protège le commerce, aide l'industrie et fait mille autres actes; car, comme la définition de ses pouvoirs ne se trouve nulle part, la limite n'en est point marquée.

A vrai dire l'association est un gouvernement dans le Gouvernement; — autorité jeune et robuste, née au sein d'une vieille autorité moribonde et décrépite; puissance nationale centralisée qui broie et réduit en poussière tous les petits pouvoirs épars çà et là d'une aristocratie anti-nationale (t. II, p. 21).

(1) On reçoit depuis 1 *sou* jusqu'à...

comprendre que le peuple, s'il veut sortir de l'esclavage, doit commencer d'abord par former une vaste
UNION, compacte, solide, indissoluble, car l'*union
fait la force*, et, pour réclamer ses droits, pour fixer
l'attention générale sur la justice d'une réclamation,
il faut avant tout se mettre en position de pouvoir
parler avec assez d'autorité pour se faire écouter.

La position de la classe ouvrière en France ne peut
se comparer en rien à la cruelle position du peuple
irlandais. — L'Irlande, pays conquis, mais dont l'esprit indépendant ne peut se résigner à porter le joug
de l'oppression, réclame auprès de ses seigneurs et
conquérants des droits religieux, politiques et civils.
— Le seul énoncé de cette réclamation prouve que ce
malheureux peuple est traité en esclave, puisqu'il ne
jouit d'aucun droit. — Chez nous, au moins en principe, et c'est beaucoup, il n'y a plus d'esclaves devant
la loi, du moins parmi la population mâle.

Quelle est aujourd'hui la position sociale de la classe
ouvrière en France, et quels droits lui reste-t-il à réclamer?

En principe, la loi organique qui régit la société
française depuis la déclaration des droits de l'homme
de 1791 est la plus haute expression de la justice et
de l'équité, car cette loi est la reconnaissance solennelle qui légitime la sainteté du principe de l'égalité
absolue, et non-seulement de cette égalité devant
Dieu demandée par Jésus, mais cette *égalité vivante*
pratiquée au nom de l'esprit et au nom de la chair
devant l'humanité.

Ouvriers, voulez-vous savoir quels sont vos droits
en principe? — Ouvrez le livre de la loi, qui régit la
société française et voyez:

Art. 1er. Les Français sont égaux devant la loi, quels
que soient d'ailleurs leurs titres et leurs rangs.

Art. 2. Ils contribuent indistinctement, dans la

proportion de leur fortune, aux charges de l'Etat.

Art. 3. Ils sont tous également admissibles aux emplois civils et militaires.

Art. 4. Leur liberté individuelle est également garantie, personne ne pouvant être poursuivi et arrêté que dans les cas prévus par la loi, et dans la forme qu'elle prescrit. . . . .

Art. 8. Toutes les propriétés sont inviolables, sans aucune exception de celles qu'on appelle *nationales*, la loi ne mettant aucune différence entre elles.

Certes, d'après l'esprit et la lettre des articles de la Charte, l'ouvrier français, sous le rapport de la dignité de l'homme et du citoyen, n'a rien à réclamer. —A le juger du point de vue de la Charte, sa position sociale est aussi belle qu'il puisse la désirer.—En vertu du principe reconnu, il jouit de l'*égalité absolue*, d'une entière liberté d'opinion et de conscience; la sûreté de sa personne et celle de ses propriétés lui sont garanties : — que peut-il demander de plus ? — Mais, hâtons-nous de le dire, jouir de l'égalité et de la liberté *en principe*, c'est vivre *en esprit*, et si celui qui est venu apporter au monde *la loi de l'esprit* a sagement parlé en disant : « L'homme ne vit pas seulement de pain, » — je crois qu'il est aussi sage de dire : « L'homme ne vit pas seulement d'esprit. »

En lisant la Charte de 1830, on est frappé d'une grave omission qui s'y trouve. — Nos législateurs constitutionnels ont oublié qu'avant les droits de l'homme et du citoyen, il existe un droit impérieux, imprescriptible, qui prime et domine tous les autres, *le droit de vivre*. — Or, pour le pauvre ouvrier qui ne possède ni terres, ni maisons, ni capitaux, ni rien absolument que *ses bras*, les droits de l'homme et du citoyen sont de nulle valeur (et même en ce cas ils deviennent pour lui une amère dérision), si préalablement on ne lui reconnaît pas *le droit de vivre*, et, pour l'ouvrier, le droit de vivre, c'est *le droit au travail*, le *seul* qui puisse lui donner la possibilité de *manger*, et par conséquent de vivre.

Le premier des droits qu'apporte tout être en naissant est justement celui qu'on a *oublié* d'inscrire dans la Charte. — C'est donc ce *premier des droits* qu'il reste à proclamer (1).

Aujourd'hui la classe ouvrière ne doit s'occuper que d'une seule réclamation, parce que cette réclamation est fondée sur la plus stricte équité, et qu'on ne peut, sans forfaire *aux droits de l'être*, faire autrement que de lui accorder sa demande.—En effet, qu'a-t-elle à réclamer?

LE DROIT AU TRAVAIL.

Sa propriété à elle, la seule qu'elle puisse jamais posséder, ce sont *ses bras*. — Oui, ses bras! voilà son patrimoine, son unique richesse! — Ses bras sont les *seuls instruments de travail* qu'elle ait en sa possession. — Ils constituent donc *sa propriété*, et cette propriété, on ne peut, je pense, contester sa *légitimité* et surtout son *utilité*, car si la terre produit, c'est grâce *au travail des bras*.

Nier *la propriété des bras*, c'est ne pas vouloir comprendre l'*esprit* de l'art. 8 de la Charte. Cependant cette propriété des bras est incontestable, et du jour où elle sera mise en discussion, il n'y aura à ce sujet qu'une voix. — Mais pour que la classe ouvrière

_____

(1) La Convention nationale avait *presque* reconnu le *droit au travail* ou au moins *aux secours publics*. — La Charte n'en dit pas un mot.

« 21. Les secours publics sont une dette sacrée. — La Société doit la subsistance aux citoyens malheureux, soit en leur procurant du travail, soit en assurant les moyens d'exister à ceux qui sont hors d'état de travailler. »

(*Déclaration des droits de l'homme et du citoyen*, 27 juin 1793.)

puisse jouir *sûrement* et *avec garantie* de sa propriété (comme le veut l'art. 8), il faut qu'on lui reconnaisse *en principe* (et aussi en réalité) la *libre jouissance* et garantie de sa propriété. Or, l'exercice de cette libre jouissance de propriété consisterait pour elle à pouvoir *utiliser ses bras* quand et comment il lui plairait, — et pour cela, il faut qu'elle ait *droit au travail*. — Quant à la garantie de la propriété, elle consiste dans une sage et équitable ORGANISATION DU TRAVAIL.

La classe ouvrière a donc deux importantes réclamations à faire : 1° LE DROIT AU TRAVAIL; — 2° L'ORGANISATION DU TRAVAIL.

Mais, va-t-on dire encore, ce que vous demandez pour la classe ouvrière est *impossible*. — Le droit au travail! elle ne l'obtiendra pas. — Cette réclamation, toute juste et légale qu'elle soit, sera considérée comme une attaque à la propriété proprement dite (terres, maisons, capitaux),— et l'organisation du travail sera considérée comme une attaque aux droits de la libre concurrence : or, comme ceux qui mènent la machine gouvernementale, sont des propriétaires de terres et de capitaux, il est évident qu'ils ne consentiront jamais à accorder de pareils droits à la classe ouvrière.

Entendons-nous : — Si dans l'état de division et d'isolement où sont les ouvriers, ils s'avisent de réclamer le *droit au travail* et *l'organisation du travail*, les propriétaires ne leur feront pas même l'honneur de considérer leur réclamation comme une attaque : ils ne les écouteront pas. — Un ouvrier de mérite (Adolphe Boyer), a fait un petit livre dans lequel il réclame l'un et l'autre :—personne n'a lu son livre. Le malheureux, de chagrin et de misère, et peut-être aussi dans la pensée que sa fin tragique ferait lire son écrit, *s'est tué*. — Un instant la presse s'est émue, pendant quatre jours, huit jours peut-être;—puis le suicide et le petit livre d'Adolphe Boyer ont été complètement oubliés.—L'ouvrage de Boyer, eût-il été parfait, qui l'aurait lu? qui l'aurait prôné? qui l'aurait fait connaître? quel résultat aurait-il amené?.... aucun. — Boyer était un pauvre ouvrier qui écrivait tout seul dans son coin; il défendait la cause de ses frères malheureux, cela est vrai, mais il n'était pas lié de pensée avec eux, pas même de cœur, ni d'intérêt: aussi s'est-il tué parce qu'il lui manquait 200 fr. pour payer les frais de son petit livre.— Croyez-vous qu'il en serait arrivé ainsi si Boyer avait fait partie d'une vaste union? Non, sans doute. D'abord, l'Union aurait payé les frais du livre; ensuite le livre aurait été lu, on aurait discuté la valeur des moyens qu'il proposait.—Boyer, voyant que son travail était apprécié et que ses idées pouvaient être utiles, en aurait ressenti une grande satisfaction, et se voyant encouragé par ses frères, au lieu de se suicider par désespoir, Boyer aurait continué à travailler pour le service de la cause. — Voyez quelle différence de résultats! — Dans l'état de division, Boyer, homme de cœur, d'intelligence et de talent, est *forcé de se tuer* parce qu'il a fait un livre. — Dans l'état d'union, ce même homme aurait vécu honoré, satisfait, et *travaillant avec courage*, justement parce qu'il aurait fait ce même livre.

Ouvriers, vous le voyez, —si vous voulez vous sauver, vous n'avez qu'un moyen, il faut vous UNIR.

Si je vous prêche l'UNION, c'est que je connais la force et la puissance que vous y trouverez. — Ouvrez les yeux, regardez autour de vous, et voyez de quels avantages jouissent tous ceux qui ont formé une UNION dans le but de servir la même cause et les mêmes intérêts.

Remarquez comment ont procédé tous les hommes intelligents, par exemple, les fondateurs de religions.

La première chose dont ils se sont occupés a été de constituer l'UNION. — Moïse unit son peuple, et par des liens si forts, que le temps lui-même ne peut les briser. Jérusalem tombe ; le temple est rasé ; la nation juive est détruite ; le peuple de Moïse erre à l'aventure dispersé sur la terre. Qu'importe ! — Chaque juif, au fond du cœur, se sent *uni* par la pensée à ses frères. Aussi, voyez, la nationalité juive *ne meurt pas*, et après deux mille ans de persécutions et de misères sans exemple, le peuple juif est encore debout ! — Que fait Jésus avant sa mort ?—Il rassemble ses douze apôtres et les UNIT en *son nom et par la communion.* — Le maître meurt. — Qu'importe !— l'UNION EST CONSTITUÉE ; dès lors l'esprit du maître *vit en l'union,* et pendant qu'au Calvaire Jésus, l'homme redoutable dont l'énergique protestation a effrayé la puissance des Césars, expire sur la croix…. à Jérusalem et dans toutes les villes de la Judée, Jésus-Christ *vit en ses apôtres* et d'une *vie éternelle*, car après Jean naîtra Pierre, et après Pierre naîtra Paul, et ainsi de suite jusqu'à la fin des temps.

Ce sont douze hommes UNIS qui ont établi l'*Eglise catholique* (1), vaste union qui devint si puissante qu'on peut dire que, depuis deux mille ans, c'est elle qui gouverne presque toute la terre.

Voyez, sur des dimensions plus petites, le même principe de force se reproduire : — Luther, Calvin et tous les dissidents catholiques.—Dès le moment qu'il se forme entre eux une UNION, aussitôt ils deviennent puissants.

Maintenant dans un autre ordre de faits ; — La révolution de 89 éclate. — Comme un torrent qui dévaste tout sur son passage, elle bouleverse, elle exile elle tue.—Mais l'UNION ROYALISTE *est constituée.*

(1) Le mot *Eglise catholique* signifie *Association universelle.*

Bien qu'accablée par le nombre elle est si forte, qu'elle survit à la destruction de 93, et vingt ans après elle rentre en France, *son roi à sa tête!* — Et en face de pareils résultats vous vous obstineriez à rester dans votre isolement! Non, non, vous ne le pouvez plus sans faire acte de démence.

En 89 la classe bourgeoise a conquis son indépendance. Sa charte, à elle, date de la prise de la Bastille. — Ouvriers, pendant deux cents ans et plus, les bourgeois ont combattu avec courage et acharnement contre les priviléges de la noblesse et pour le triomphe de *leurs droits* (1). — Mais le jour de la victoire venu, bien qu'ils reconnussent pour tous l'égalité des droits, de *fait*, ils accaparèrent *pour eux seuls* tous les bénéfices et avantages de cette conquête.

Depuis 89 la classe bourgeoise EST CONSTITUÉE. —Remarquez quelle force peut avoir un corps uni par les mêmes intérêts. — Dès l'instant où cette classe EST CONSTITUÉE, elle devient si puissante qu'elle peut s'emparer exclusivement de tous les pouvoirs du pays. — Enfin en 1830 sa puissance arrive à son apogée, et sans se mettre en peine des suites, elle prononce la *déchéance du dernier roi de France;* — elle se choisit un roi à *elle,* procède à son élection sans prendre conseil du reste de la nation, et enfin, étant de fait *souveraine,* elle se place à la tête des affaires et gouverne le pays à sa guise.

Cette classe bourgeoise-propriétaire *se représente elle-même* à la Chambre et devant la nation, non pour y *défendre ses intérêts,* car personne ne les menace, mais pour *imposer* aux 25 millions de prolétaires, ses

(1) A la vérité, si les bourgeois étaient la *tête,* ils avaient pour *bras* le peuple, dont ils savaient se servir habilement. — Quant à vous, prolétaires, vous n'avez personne pour vous aider. — Il faut donc que vous soyez à la fois la *tête* et le *bras.*

subordonnés, ses conditions. — En un mot, elle se fait *juge et partie*, absolument comme agissaient les seigneurs féodaux qu'elle a renversés. — Etant propriétaire du sol, elle fait des lois en raison *des denrées qu'elle a à vendre,* et règle ainsi, *selon son bon plaisir,* le prix du vin, de la viande et même du *pain* que mange le peuple.

Vous le voyez, à la *classe noble* a succédé la *classe bourgeoise,* déjà beaucoup *plus nombreuse* et *plus utile;* reste maintenant à CONSTITUER LA CLASSE OUVRIERE. — Il faut donc qu'à leur tour les ouvriers, la partie vivace de la nation, forment une vaste UNION et SE CONSTITUENT EN UNITÉ! Oh! alors la classe ouvrière sera forte; alors elle pourra réclamer auprès de MM. les bourgeois et SON DROIT AU TRAVAIL et l'ORGANISATION DU TRAVAIL; et se faire écouter.

L'avantage dont jouissent tous les grands corps *constitués,* c'est de pouvoir compter pour quelque chose dans l'Etat, et à ce titre, d'avoir à *se faire représenter.* — Aujourd'hui l'UNION ROYALISTE a son représentant à la Chambre, son délégué devant la nation pour y défendre ses intérêts; et ce défenseur est l'homme le plus éloquent de France : M. Berryer. — L'UNION COLONIALE a ses représentants à la Chambre, ses délégués devant la mère-patrie pour y défendre ses intérêts. — Eh bien, pourquoi donc la classe ouvrière, une fois qu'elle sera CONSTITUEE EN CORPS, elle qui, certes, par son nombre et surtout son importance, vaut bien le corps royaliste et le corps des propriétaires coloniaux, n'aurait-elle pas aussi son représentant à la Chambre et son délégué devant la nation *pour y défendre ses intérêts?*

Ouvriers, songez bien à ceci : la première chose dont vous ayez à vous occuper, c'est de vous faire *représenter devant la nation.*

J'ai dit plus haut que l'UNION-OUVRIERE jouirait d'une puissance réelle, celle de l'argent. En effet, il lui sera facile, sur 20 ou 30 millions, d'affecter 500,000 fr. par an pour payer largement un défenseur digne de servir sa cause !

Nous ne pouvons en douter, il se trouvera bien, dans notre belle France, si généreuse, si chevaleresque, des hommes du dévouement et du talent d'O'Connell.

Si donc l'UNION OUVRIERE comprend bien sa position, entend bien ses véritables intérêts, le premier acte qui émanera d'elle doit être un APPEL solennel fait aux hommes qui se sentent assez d'amour, de force, de courage et de talent pour oser se charger de la défense de la plus sainte des causes, — celle des travailleurs.

Oh ! qui sait ce que la France renferme encore de cœurs généreux, d'hommes capables ! — Qui pourrait prévoir l'effet que produira un appel fait au nom de 7 millions d'ouvriers réclamant le DROIT AU TRAVAIL ?

Pauvres ouvriers ! isolés, vous ne comptez pour rien dans la nation ; mais aussitôt l'UNION OUVRIERE CONSTITUEE, la classe ouvrière deviendra un corps puissant et respectable ; et les hommes du plus haut mérite brigueront l'honneur d'être choisis pour défenseurs de l'UNION OUVRIERE.

Dans le cas où l'UNION serait formée prochainement, jetons un coup d'œil rapide sur les hommes qui ont fait preuve de sympathie pour la classe ouvrière, et voyons quels seraient les plus capables de servir la sainte cause.

Plaçons-nous au point de vue humanitaire, et puisque nous cherchons seulement des hommes d'amour et d'intelligence, faisons abstraction des opinions religieuses et politiques de chacun. D'ailleurs, le manda-

2*

taire de l'UNION n'aura à s'occuper ni de questions
politiques ni de questions religieuses. Sa mission se
bornera à attirer l'attention générale sur deux points:
—*Pour tout individu* LE DROIT AU TRAVAIL; et,
en vue du bien-être de tous et de toutes, l'ORGANISA-
TION DU TRAVAIL.

Depuis l'avènement de Napoléon, la France a eu
des généraux illustres, des savants distingués, des artistes de mérite; mais des hommes dévoués au peuple et ayant intelligence de ce qu'il faut faire pour le
servir efficacement, *très peu*. — Aujourd'hui, quelques noms seulement se présentent.

M. Gustave de Beaumont : — en écrivant son bel
ouvrage sur l'Irlande, a fait preuve d'un grand amour
pour la classe pauvre. Il lui a fallu un grand courage
pour sonder des plaies aussi vives et aussi repous-
santes. — Doué d'une haute portée d'intelligence,
M. de Beaumont a bientôt reconnu où était la cause
du mal, et lorsqu'il a indiqué le remède à appliquer,
il a dit : — Il faut qu'on accorde au pauvre le *droit
au travail ou la charité*, et enfin qu'on songe à *organiser le travail*.

M. Louis Blanc : — ne réclame pas positivement
le droit au travail *pour tous*, mais très certainement
il approuve la justesse de cette réclamation. — De
plus, il croit avoir trouvé moyen d'organiser le travail. — Nous ne discuterons pas ici la valeur de son
plan ; c'est une idée à lui, et qui resterait en dehors
de la mission qu'il aurait à remplir. Ses titres, les
voici : M. Louis Blanc s'est consacré dès sa jeunesse à
la défense des intérêts du peuple ; dans tous ses travaux, on retrouve l'homme qui, par amour pour le
bonheur de l'humanité, réclame avec chaleur, avec
passion, des droits pour la classe la plus nombreuse
et la plus *utile* ; — enfin, dans son ouvrage sur l'*organisation du travail*, il a signalé avec hardiesse les souf-

frances du peuple, et, pour tout remède, lui aussi a indiqué l'absolue nécessité de *l'organisation du travail.*

M. Enfantin : — ce nom inspire à bien des gens une vive antipathie : — Cependant il faut rendre justice à chacun, et savoir faire la part du *bon* et du *maurais* qui se trouve dans un homme. — Chef d'école, qu'a fait M. Enfantin? — Certes il a commis des fautes graves, on peut même dire que c'est *lui,* premier disciple de Saint-Simon, qui *a détruit, anéanti* pour jamais!... cette école saint-simonienne, à laquelle se ralliaient des hommes si remarquables, et qui avait sur toutes les questions sociales des vues si avancées. — Mais à côté de ces fautes réellement désastreuses et irréparables, on doit le reconnaître, il a donné un grand exemple.—M. Enfantin, le premier, a tenté la réalisation du précepte de Saint-Simon, et il a proclamé aussi, comme loi fondamentale de la doctrine saint-simonienne, *la réhabilitation et la sainteté du travail manuel.* Cette réhabilitation, à elle seule, *renferme le changement radical de la société.*

Dans tous les temps le travail manuel a été et est encore aujourd'hui *méprisé.* Celui qui travaille des mains se voit repoussé avec dédain partout; ceci est un préjugé infiltré dans les mœurs de tous les peuples et qu'on retrouve jusque dans leur langue. — A cet égard, il n'y a qu'une opinion, qui est de considérer le travail manuel comme *dégradant, honteux,* et presque *déshonorant pour celui qui l'exerce*(1). Cela est tellement vrai que le travailleur

(1) Afin que les ouvriers ne croient pas que je fais ici de la poésie ou de l'imagination, je vais reproduire, en partie, un procès fort curieux qu'ils pourront lire tout au long dans la *Gazette des Tribunaux* du 7 juillet 1841. Ils verront comment, de nos jours, le *travail manuel* est apprécié, et cela en plein tribunal.

cache autant qu'il peut sa condition d'ouvrier, parce que lui-même s'en trouve *humilié.* — Eh bien! il faut

TRIBUNAL CIVIL DE LA SEINE (4ᵉ chambre).

(Présidence de M. Michelin.)

Audiences des 27 juin et 6 juillet.

DOCTRINES DE ROBERT OWEN. — NEW-HARMONY. — ÉDUCATION UTILITAIRE.

Me Durant-Saint-Amand, avocat de M. Phiquepal d'Arus-mont, expose ainsi les faits de cette cause singulière:

« M. le baron de Beauséjour, député, ami du général Lafayette, dont il partageait les opinions avancées, avait un neveu dont il était tuteur et auquel il avait à cœur de donner une éducation forte. Il le confia aux soins de M. Phiquepal d'Arusmont, et s'engagea à payer pour lui une pension annuelle de 1,200 fr.

» M. Phiquepal, qui depuis longtemps se consacrait à l'instruction, avait embrassé avec enthousiasme, et M. de Beauséjour le savait, les doctrines du célèbre réformateur écossais Robert Owen.

» Rober Owen avait fondé à New-Lanark un établissement agricole consacré à la jeunesse, qui avait pris un grand développement et lui avait donné une juste célébrité. Ce philosophe songea bientôt à élargir encore son système; il résolut de le déployer sur un terrain plus vaste, et jeta les yeux à cet effet sur une contrée de l'Amérique.

» Admis en présence du congrès national, il expose son plan, ses moyens qui sont reçus, applaudis, encouragés, et il obtient une concession de terres à *New-Harmony*, où il fonde une institution nouvelle, sous le titre de *Société coopérative.*

» M. Phiquepal, plein des mêmes idées, avait formé pour la France un projet semblable; mais les difficultés sans nombre qu'il rencontra dans sa marche, notamment de la part de l'Université, qui ne permet pas qu'on s'affranchisse de son inflexible monopole, arrêta ses pas. Il tourna alors ses yeux vers l'Amérique, et, après avoir obtenu l'approbation des parents de ses élèves, il part avec eux pour le Nouveau-Continent.

» Après une traversée heureuse, M. Phiquepal et ses élèves

en convenir, en face d'un pareil état de choses,
M. Enfantin a fait preuve d'une grande force et d'une

arrivent à New-Harmony, situé dans le district d'Indiana, sur les
bords de la Wabash, un de ces puissants fleuves qui arrosent
l'Amérique du Nord. Robert Owen avait acquis là trente mille
ares de terre, dont une partie était en rapport, dans une bour-
gade pouvant loger deux mille âmes ; il y poursuivit avec ardeur
une belle expérience à laquelle il avait consacré et sa vie et sa
fortune de plusieurs millions. Au-dessus du principal bâtiment on
lisait cette inscription, peut-être un peu pompeuse : *Hall of
sciences, Palais des sciences.* Owen répandait ses doctrines par
la voie d'un journal intitulé : *Free-Enquirer, la Libre Recherche,*
qu'il rédigeait avec le concours de ses élèves.

» Tel était donc le lieu où M. Phiquepal avait transporté ses
élèves ; tels étaient les maîtres sous la direction desquels le jeune
Dufour était appelé à recevoir une éducation qui, pour ne point
ressembler à celle qui lui a été donnée en Europe, n'en était pas
moins propre à en faire un homme, comme le témoignait, dans sa
correspondance, M. le baron de Beauséjour. »

Ici l'avocat analyse la correspondance de M. de Beauséjour et
de son pupille ; il en induit que celui-là était parfaitement instruit
de ce qui se passait à New-Harmony et du genre d'études auquel son neveu y était soumis, sans en avoir jamais manifesté
aucun mécontentement.

« Cependant M. Phiquepal, jugeant sa présence nécessaire en
France, quitta momentanément New-Harmony, laissant ses élèves
confiés aux soins du fils d'Owen. Il emmena miss Francez Wright,
avec laquelle son mariage était décidé, et ils débarquèrent sur le
continent vers la fin de 1830. L'union projetée fut consacrée en
présence du général Lafayette

» A cette époque, les idées de M. le baron de Beauséjour pri-
rent une autre direction. Il voulut avoir son neveu près de lui,
et le rappela vers le mois de juillet 1831. Il fit d'ailleurs l'accueil
le plus favorable à M. et Mme Phiquepal ; il leur remit une obligation de 7,200 francs qui soldait la rétribution due à l'institu-
teur.

» De retour en France, le jeune Dufour, placé dans l'institut
commercial de M. Blanqui, y acheva son éducation, et il occupe

haute supériorité en enseignant à ses disciples à *honorer le travail manuel.* — Après avoir posé la loi, il

aujourd'hui, chez l'imprimeur Everat une place qui procure un traitement annuel de 6,000 fr.

» Cependant, à l'échéance de l'obligation qu'il avait contractée, M. le baron de Beauséjour a refusé de l'acquitter, et de nombreuses démarches, de puissants intermédiaires, n'ont pu vaincre son refus. M. Phiquepal s'est donc trouvé dans la pénible nécessité de l'actionner judiciairement, ainsi que son neveu. Celui-ci ne s'est pas contenté de repousser la demande principale, il a formé contre M. Phiquepal une demande reconventionnelle en 25,000 fr. de dommages-intérêts, fondée sur le *vice et l'insuffisance de son éducation.* Il sera curieux, sans doute, d'entendre comment il cherchera à justifier cette prétention. »

L'avocat, abordant la discussion, soutient que M. de Beauséjour savait parfaitement que l'instruction donnée à son neveu était tout agricole; qu'il connaissait le genre d'exercices auxquels il se livrait; qu'on lui avait dit que son neveu s'entendait mieux à construire une cabane ou à diriger une barque qu'à disserter en grec ou en latin, et qu'étant informé de tous ces faits lorsqu'il a souscrit l'obligation de 7,200 francs, il ne peut aujourd'hui en refuser le paiement.

Quant à la demande reconventionnelle d'Amédée Dufour, elle se réfute par la position même qu'il occupe en ce moment. S'il a été capable de la remplir, il le doit en grande partie à l'éducation qu'il a reçue dans la colonie de New-Harmony.

Me Flandin, dans l'intérêt de M. le baron de Beauséjour, combat la demande principale. Dans une discussion rapide, il établit que M. Phiquepal n'a en aucune façon rempli le mandat qui lui avait été donné. Au lieu de nourrir l'esprit de son élève des lettres et des sciences, il en avait fait un sauvage, un véritable Huron. M. de Beauséjour ne croit pas devoir le remercier pour cela; bien au contraire.

« Quant à l'obligation de 7,200 francs, lorsqu'il l'a souscrite provisoirement, M. de Beauséjour n'avait pas encore revu son neveu; il ignorait tout ce qui s'était passé à New-Harmony. En voyant avec plaisir Amédée engagé dans un voyage qui pouvait, bien dirigé, devenir très profitable, il était loin de croire qu'on

a voulu que cette loi devînt vivante, et avec cette autorité *supérieure* que lui donnait son titre de *chef reli-*

le transporterait, à 900 lieues de distance, au sein d'une colonie
barbare. Son entretien a dû, vu les ressources et les habitudes du
pays, coûter bien peu de chose. Il y aurait donc lieu, dans tous
les cas, de réduire singulièrement les prétentions de M. Phiquepal.»

Me Sudre prend à son tour la parole pour le jeune Dufour, et
s'exprime ainsi :

« Dès que ses élèves furent installés, M. Phiquepal reprit
leur éducation, mais la changea totalement d'objet : il les soumit
aux plus grossiers travaux. Leurs occupations consistaient dans
le labourage, la forge, la maçonnerie, la confection de leurs
vêtements et la préparation de leur nourriture ; tout le reste fut
négligé, abandonné. Quant aux aliments, ils étaient légers : un
peu de maïs cuit à l'eau, et réduit en galettes, composait leur
ordinaire, auquel on ajoutait le dimanche quelque gibier lorsqu'ils avaient fait bonne chasse. »

» Deux ans plus tard, une nouvelle occupation fut ajoutée à
celle qui avait rempli le temps des élèves de M. Phiquepal,
depuis leur séjour dans la colonie. Owen fils rédigeait le journal
de la nouvelle doctrine ; cette feuille, intitulée *New-Harmony-
Gazette*, était confiée à un imprimeur qui, ayant quitté la colonie, fut remplacé par les élèves de M. Phiquepal. »

Voici un paragraphe d'une lettre d'Amédée Dufour, qui dé-
note qu'avant d'avoir revu son oncle, il savait apprécier l'éducation qu'il recevait de M. Phiquepal:

« Nous demeurons maintenant à New-York sur le bord d'une
jolie rivière, à cinq milles de la ville, dans la même maison que
M. Owen et Mlle. Wright; vous devez les connaître, au moins
de réputation; ils rédigent un journal fort estimé que nous im-
primons, mes camarades et moi. Je commence à connaître pas-
sablement toutes les parties de ce bel art. J'écris, dit-on, l'anglais sans faire beaucoup de fautes. J'espère me former également
dans le français, quand nous aurons, l'été prochain, l'occasion
d'imprimer dans cette langue. Au reste, nous avons appris bien
des petites choses qui peuvent, je crois, contribuer à nous rendre
indépendants, dans quelque position que nous puissions nous

*gieux, il a obligé ses disciples à travailler de leurs
mains, à se mêler parmi les ouvriers, et à travailler*

trouver. Je ne serais pas embarrassé pour faire mes souliers, mes
habits, ma casquette, mon pain, ma cuisine, mon savon, mon
beurre, ma chandelle, mes balais, en un mot, tout ce qui peut
contribuer au ménage; cultiver mon jardin, ma ferme, construire ma cabane, mon bateau, et me sauver à la nage s'il le
fallait; et ceci ne m'a pas mal servi dans une dernière occasion où
notre bateau ayant été renversé par un coup de vent, nous
avons pu, sans beaucoup de peine, sauver M. Phiquepal et nous-
mêmes. »

» Dès que M. de Beauséjour fut instruit de toutes ces circons-
tances, il essaya d'éclairer l'inexpérience de son neveu sur le
genre d'éducation qu'on lui avait donnée et le rappela en France. »

» Mais la présence du jeune Dufour dissipa bientôt les illusions
que son oncle s'était faites. L'instruction proprement dite, l'é-
tude des langues anciennes et modernes, celle des sciences avaient
été presque oubliées; il a fallu placer le jeune homme chez
M. Blanqui, où il est resté trois ans pour apprendre les choses
essentielles et vraiment utiles dans la carrière où son oncle voulait le placer. »

» On conçoit dès lors pourquoi M. de Beauséjour refuse aujourd'hui le paiement des 7,200 fr.; on comprend aussi qu'Amédée
Dufour soit bien fondé *à réclamer des dommages-intérêts qui seront toujours au-dessous du préjudice que lui cause la direction
vicieuse de son éducation.*

Mᵉ Sudre, avocat du jeune Dufour, soutient que M. Phiquepal
a complétement manqué aux obligations qui lui étaient imposées;
que ses élèves, loin de ne lui avoir été à charge, lui ont rendu
d'importants services, et procuré des profits qui ont été pendant
cinq ans le résultat d'un travail gratuit. Il cherche à justifier par les
faits et la correspondance des dommages-intérêts réclamés, et
termine en insistant sur le besoin de rappeler, par une *condamnation sévère aux instituteurs, l'étendue de leurs devoirs et la
sainteté de leurs engagements »*

M. le substitut Bourgoin analyse les faits de la cause et les
moyens des parties. Il compare le mandat confié à M. Phiquepal
avec l'éducation que ses élèves ont reçue, et en conclut que
l'institution s'est éloignée complétement du but de sa mission.

*avec eux aux métiers les plus rudes et les plus répu-
gnants.* — Il me semble que des actes de cette imp²r-
tance révèlent dans M. Enfantin au moins une gran¹e
énergie de caractère, et sont de nature à attirer sur
lui l'attention (1).

« M. le baron de Beauséjour, dit M. l'avocat du roi, avait
remis son neveu à M. Phiquepal pour en faire un homme. Ce
n'était pas lui demander trop ; eh bien ! *il n'en a pas même fait
un homme*, mais un *cordonnier*, un *laboureur*, un *maçon*,
comme s'il appartenait à l'une de ces *classes*, où la truelle, la
varlope ou le rabot *sont héréditaires*, et il a négligé l'étude si
essentielle des arts, des sciences, des lettres, des langues vivantes
et des *langues mortes*, si l'on peut appeler de ce nom des langues
qui ont immortalisé tant de personnages illustres. »

Ainsi, voilà l'avocat du roi, c'est-à-dire l'homme qui *représente la société*, qui déclare qu'un *cordonnier*, un *laboureur*,
un *maçon*, NE SONT PAS DES HOMMES...

(1) Lorsque j'ai écrit ce passage sur M. Enfantin, j'ignorais
qu'il allait publier un livre traitant de nouveau la question de l'*organisation du travail*. — L'opinion émise ici au sujet de M. Enfantin se rapporte donc *uniquement* à ce qu'il a professé *publiquement* et *fait faire à ses disciples* en 1830, 1831 et 1832.
Depuis lors, il n'avait plus ni parlé, ni écrit. — Aujourd'hui,
M. Enfantin *reparaît* sur la scène, et s'y présente en *économiste*,
en *organisateur*, en *fondateur*. Nécessairement, je devais
prendre connaissance de son nouvel ouvrage, afin de m'assurer,
si après douze années, l'ancien *chef Saint-Simonien* était resté le
défenseur de la classe la plus nombreuse (les prolétaires) et de
la classe la plus opprimée (les femmes).—J'achève la lecture du
livre que M. Enfantin vient de publier (colonisation de l'Algé-
rie) ; ma surprise, je l'avoue, a été grande, ma douleur profonde, en voyant comment, en 1843, douze ans après les réu-
nions de la rue Monsigny, M. Enfantin comprend l'*organisation
du travail*. — Pourra-t-on le croire ? Aujourd'hui, pour M. Enfantin, l'organisation du travail consiste tout simplement à *enrégimenter les ouvriers* d'une manière *régulière*. — Dans l'esprit
de M. Enfantin, le mot *organisation du travail* a la même signi-
fication que : organisation de l'armée. — Une telle manière de
voir est vraiment inqualifiable ! — Dieu vous garde, ouvriers,

3

Un autre homme encore réclame à grands cris *le droit au travail* et *l'organisation du travail* : celui-là ne parle pas au nom de la charité chrétienne, comme M. de Beaumont ; au nom de la liberté et de l'égalité républicaines, comme M. Louis Blanc. — Non : il s'appuie, dit-il, sur une base plus solide, la science. — Oui, c'est au nom de la science, et une science dite *exacte* (les mathématiques), que M. Victor Considérant, premier disciple de Fourier, chef de l'école sociétaire, rédacteur en chef du journal *la Phalange*, écrivain distingué, réclame, et réclame comme étant *le seul moyen de salut qu'ait la société*, Le DROIT AU TRAVAIL et l'ORGANISATION DU TRAVAIL.

d'une semblable organisation! Oh! que la classe la plus *nombreuse* périsse de misère et de faim plutôt que de consentir à se laisser *enrégimenter*, c'est-à-dire, à échanger *sa liberté* contre *la sécurité de la ration!*

Les théories posées par M. Enfantin, comme devant servir de bases à la *constitution du nouvel ordre social*, sont fort alarmantes pour *la conservation de nos libertés*, si chèrement conquises! mais ce qui doit nous rassurer, c'est que les doctrines de M. Enfantin sur *l'enrégimentation*, sont un anachronisme de deux mille ans! — Depuis la venue de Jésus-Christ, il n'est plus possible à l'incarnation même du despotisme, d'établir une domination absolue, d'exiger l'obéissance passive; enfin, d'attenter d'une manière permanente à la liberté des hommes. — Rois, empereurs, tous ceux qui l'ont tenté, ont échoué. — Jésus est le *premier* qui ait proclamé les droits de l'homme! et en 91 l'Assemblée Nationale a ratifié cette sainte proclamation!

En vérité, on ne conçoit pas comment aujourd'hui il se trouve encore des gens qui viennent de sangfroid, et très *sérieusement*, proposer d'*enrégimenter* hommes, *femmes* et *enfants*. — De pareilles propositions sont d'une exécution tellement *impossible!* qu'elles sont nécessairement absurdes, et ne peuvent émaner que de cerveaux frappés de monomanie. — Après la publication d'un semblable ouvrage, il est évident qu'on ne peut plus compter sur M. Enfantin, pour défendre les *droits* et *libertés* de la classe ouvrière.

M. Victor Considérant possède une science d'après laquelle il croit pouvoir *organiser harmoniquement tout notre globe*, — et pour arriver à un aussi beau résultat, remarquez-le bien, il déclare qu'il faut *commencer par organiser le travail et accorder à chacun le droit au travail* (1). — Ainsi voilà le chef de l'école sociétaire, un homme de la plus haute intelligence, qui demande, comme l'*unique moyen de régénérer la société*, l'organisation du travail ! — Or donc, tout est là. — Les titres de M. Victor Considérant diffèrent de ceux des hommes précédemment nommés. — L'homme de science procède avec sa science et non avec son cœur. — Néanmoins il pourrait offrir de grands avantages. — M. Considérant est actif, il parle avec verve et une grande conviction scientifique; il écrit de même. Ensuite il est à la tête d'une école qui renferme des hommes de mérite et sur lesquels il a de l'influence. De plus il a su se placer de manière à se faire écouter des hommes du gouvernement. Si M. Considérant était choisi par l'UNION, il acquerrait une très haute importance, ce qui le mettrait à même de servir puissamment les intérêts de la sainte cause (2).

Maintenant abordons une question fort délicate, — le montant des honoraires que l'UNION OUVRIÈRE devra allouer à son défenseur.

Je crois, vu l'importance du but, qu'il est dans l'intérêt bien entendu de l'UNION OUVRIÈRE,

(1) Voyez les *Destinées sociales*, — la *Démocratie pacifique*, — les ouvrages de Fourier, et de l'école sociétaire.

(2) Indépendamment des hommes que je viens de citer, il s'en trouve quelques uns encore qui ont fait preuve d'une grande sympathie pour la classe ouvrière, par exemple : MM. Pierre Leroux, Jean Reynaud, Olinde Rodrigue, Pecqueur, de Lamartine, Hippolyte Carnot, Schutzenberger, Cormenin, de Lamennais, Ledru-Rollin, etc.

qu'elle paie très généreusement son défenseur : par exemple, 200,000 fr., 300,000 fr., peut-être même 500,000 fr. par an.

Mais, dira-t-on, croyez-vous qu'il se trouve en France un homme qui ose accepter une somme aussi forte prélevée sur les petites cotisations volontaires données par de pauvres ouvriers? Ne craindra-t-il pas d'être accusé, comme l'est O'Connell, de faire *métier* et *marchandise* de son dévouement pour le peuple?

Que les ennemis politiques d'O'Connell l'accablent de reproches, d'injures, de calomnies, au sujet de la *solde* qu'il reçoit de l'Irlande, cette tactique se conçoit. Animée par la haine de parti, l'aristocratie anglaise voudrait perdre O'Connell dans l'esprit du peuple irlandais, afin que l'Irlande *n'eût plus de défenseur.* — Cependant la conduite d'O'Connell n'a rien que de très loyal, de très légal et de tout-à-fait conforme aux règles établies par la saine morale.

Ouvriers, vous qui gagnez votre vie à la sueur de votre front, est-ce que vous ne comprenez pas que tout travail mérite salaire?—Eh bien pourquoi O'Connell, qui travaille à sortir l'Irlande de l'esclavage, ne recevrait-il pas le salaire dû à ses travaux? — Et quel travail que celui d'un homme qui donne toute sa vie à la défense de la cause populaire! — Pour lui plus de repos : l'esprit sans cesse occupé à chercher des moyens de défense, le jour, la nuit, à tout instant il est en travail. Que parle-t-on de 2 millions que reçoit O'Connell! Est-ce que la vie du cœur, de l'âme, de l'esprit peut se payer avec de l'or?

Il est temps enfin qu'on en vienne à rétribuer les service selon leur *utilité.*

Ouvriers, savez-vous pourquoi on calomnie O'Connell, et pourquoi on calomniera de même votre défenseur? — Je vais vous le dire : c'est que l'*aristo-*

cratie qui gouverne ne veut pas que la *classe prolétaire* forme une UNION compacte, solide, indissoluble; — elle ne veut pas que des hommes de mérite
se fassent les défenseurs *avoués* et *salariés* de la classe
ouvrière. — Et c'est pour cette raison que cette aristocratie qui fait preuve d'habileté quand il s'agit de
veiller à la conservation de ses priviléges, accuse les
hommes qui osent embrasser cette noble défense
d'être *cupides* et *indélicats*.

Mais la crainte de passer pour un *charlatan en dévouement* n'arrêtera pas, certes, l'homme réellement
supérieur qui sentira en lui foi et force. D'ailleurs, la
position du mandataire de l'UNION-OUVRIERE sera
toute différente de celle d'O'Connell. — Celui-ci a
offert ses services à l'Irlande; tandis que ce sera
l'UNION-OUVRIERE qui fera *un appel* au pays pour
avoir un défenseur : c'est elle qui le choisira, c'est elle
qui fixera le montant de ses honoraires. Lui n'aura
qu'à accepter et remplir dignement son mandat.

Quelle somme vous allouez au défenseur! — me
diront quelques uns. — Croyez-vous qu'un homme
qui aimerait véritablement la cause des ouvriers ne la
défendrait pas aussi bien en recevant 25 ou 30,000 fr.
de traitement?

Ouvriers, remarquez bien que la position de votre
défenseur sera tout à fait exceptionnelle. La défense
de votre cause, toute sainte qu'elle soit, n'est pas une
chose facile. — Ne vous abusez pas : pour obtenir *le
droit au travail*, puis *l'organisation du travail*, il faudra lutter avec acharnement et pendant longtemps.

Si vous voulez que votre défenseur se fasse écouter, placez-le, en débutant, dans une position qui le
mette à même d'acquérir une grande puissance. Or,
pour avoir de la puissance, de nos jours, il faut de la
publicité; et la publicité, sous toutes les formes, demande de l'argent, beaucoup d'argent.

Si vous donnez 25,000 fr. à votre défenseur, qu'arrivera-t-il? il aura les mains liées, comme on dit, et ne pourra agir selon qu'il le jugera nécessaire.—Songez qu'il faut qu'il ait recours à tous les moyens de publicité, par ses écrits (dépenses d'imprimerie), par les écrits des autres (dépenses de collaborations), par la presse (dépenses d'annonces), par les voyage, dans toutes les villes de France (dépenses de voyage), par les arts (dépenses de dessins, gravures, lithographies, etc., etc.), par la fréquentation du monde (dépenses de tenue de maison), enfin propagation par toutes les voies possibles : or, dépenses de toutes sortes (1).

(1) Dès l'instant que l'idée émise, ou la proposition faite est nouvelle, la foule essentiellement routinière se soulève contre.—En Angleterre, où O'Connell remplit depuis quinze ans la mission de défenseur du peuple, on commence à comprendre qu'il est juste, qu'il est même *indispensable*, que l'homme qui consacre tout son temps, toutes ses facultés, *toute sa vie à la défense du peuple*, reçoive de ce même peuple, de quoi vivre matériellement ainsi que sa famille; je ne propose donc pour la France que ce qui existe chez nos voisins.

J'ai dit qu'il faudrait donner 500,000 francs au défenseur, pour subvenir aux dépenses indispensables à l'accomplissement de sa mission. — Sans doute, le comité central pourrait se réserver la faculté d'accorder les fonds que le défenseur jugerait nécessaire. — Mais comme dès lors il pourrait les lui refuser, il arriverait que le défenseur cesserait d'être responsable du mouvement donné à la cause, et serait en droit de rejeter sur le comité central le manque d'impulsion dont cette cause souffrirait; et, on doit le comprendre, il est de la plus haute importance que toute la responsabilité repose sur la *tête seule* du défenseur.

Ensuite au salaire donné au défenseur, se rattache la constitution de l'union ouvrière; car, par le fait seul que la classe ouvrière a *élu* et *payé* un défenseur, elle fait connaître à tous qu'elle est *constituée en corps*, et que le corps est assez puissant, assez riche, pour investir un homme honorable de son *mandat*.

Après ce que j'ai dit dans le texte, cette longue note était pour

Songez bien que votre défenseur à part toutes ses autres qualités, doit être ce qu'on appelle *un homme habile*. Il devra saisir avec tact tous les moyens pour s'en faire des auxiliaires, et pour pouvoir agir de la sorte avec intelligence et sur une grande échelle, il lui faut beaucoup d'argent. — Afin de mettre sa probité à l'abri de tout soupçon, le défenseur, à la fin de chaque année, rendra compte au comité central de l'emploi des fonds qu'il aura reçus, et si l'on s'apercevait qu'il les dépensât pour *ses intérêts particuliers*, on lui retirerait son mandat.

Si j'insiste autant sur la question du défenseur, c'est que je desire que les ouvriers comprennent bien l'importance que l'UNION-OUVRIERE doit mettre à commencer par se faire *représenter devant le pays*.

Quant aux autres résultats que devra avoir l'UNION-OUVRIERE, je ne les énumère pas ici, parce qu'ils trouveront naturellement leur place dans le chapitre IV.

III.

Le POURQUOI je mentionne les Femmes.

Ouvriers, mes frères, vous pour lesquels je travaille avec amour, parce que vous représentez la partie la plus *vivace*, la plus *nombreuse* et la plus *utile* de l'humanité, et qu'à ce point de vue je trouve ma propre satisfaction à servir votre cause, je vous prie instamment de vouloir bien lire avec la plus grande attention ce chapitre, — car, il faut bien vous le persuader, il

les trois quarts de nos lecteurs, *complètement inutile* ; mais quand il faut lutter contre les *préventions*, les *défiances* des uns, et les *scrupules* des autres, on ne saurait donner trop d'explications.

y va pour vous de vos *intérêts matériels* à bien comprendre *pourquoi* je mentionne toujours les femmes en les désignant par : *ouvrières* ou *toutes*.

Pour celui dont l'intelligence est illuminée par les rayons de l'amour divin, l'amour de l'humanité, il lui est facile de saisir l'enchaînement logique des rapports qui existent entre les causes et les effets.—Pour celui-là, toute la philosophie, toute la religion, se résument par ces deux questions : — la première : — comment on *peut* et l'on *doit* aimer Dieu et le servir *en vue du bien-être universel de tous et de toutes en l'humanité?* — La seconde : — comment on *peut* et l'on *doit* aimer et *traiter la femme, en vue du bien-être universel de tous et de toutes en l'humanité.* Ces deux questions ainsi posées sont, selon moi, la base sur laquelle doit reposer, en vue de l'ordre naturel, tout ce qui se produit dans le monde moral et le monde matériel (l'un découle de l'autre).

Je ne crois pas que ce soit ici la place de répondre à ces deux questions. — Plus tard, si les ouvriers m'en manifestent le desir, je traiterai très volontiers avec eux métaphysiquement et philosophiquement les questions de l'ordre le plus élevé. Mais, pour le moment, il nous suffit de poser ici ces deux questions, *comme étant la déclaration formelle d'un principe absolu.*

Sans remonter directement aux causes, bornons-nous à examiner les effets.

Jusqu'à présent, la femme n'a compté pour rien dans les sociétés humaines. — Qu'en est-il résulté? — Que le prêtre, le législateur, le philosophe, l'ont traitée en *vraie paria.* La femme (c'est la moitié de l'humanité) a été mise *hors l'Eglise,* hors la *loi,* hors la *société* (1).—Pour elle, point de fonctions dans

____

(1) Aristote, moins tendre que Platon, posait, sans la résoudre, cette question : *Les femmes ont-elles une âme?* question que

l'Eglise, point de représentation devant la loi, point de fonctions dans l'Etat. — Le prêtre lui a dit : — Femme,

daigna trancher en leur faveur le concile de Mâcon, *à la majorité de trois voix.* (*La Phalange*, 21 août 1842.)

Ainsi, *trois voix de moins*, et la femme était reconnue appartenir au règne des *bêtes brutes*, et ceci étant, l'homme, le maître, le seigneur, aurait été *obligé de cohabiter avec la bête brute !* cette pensée fait frémir et glace d'horreur !..... Du reste, telles que sont les choses, cela doit être un profond sujet de douleur pour les *sages des sages* de penser qu'ils descendent de la *race femme.* — Car, si réellement ils sont convaincus que la femme est *aussi stupide* qu'ils le prétendent, quelle honte pour eux d'avoir été conçus dans les flancs d'une semblable créature, d'avoir sucé son lait et d'être restés sous sa tutelle une grande partie de leur vie ! — Oh ! il est bien probable que, si ces sages avaient pu mettre la femme *hors la nature*, comme ils l'ont mise hors l'Eglise, hors la loi et hors la société, ils se seraient épargné la *honte* de descendre d'une femme. — Mais heureusement qu'au dessus de la sagesse des sages, il y a la loi de Dieu.

Tous les prophètes, excepté Jésus, ont traité la femme avec une iniquité, un mépris et une dureté inexplicables. — Moïse fait dire à son Dieu :

« 16. Dieu dit aussi à la femme : Je vous affligerai de plusieurs maux pendant votre grossesse ; vous enfanterez dans la douleur ; vous serez sous la puissance de votre mari, et il vous dominera. (*Genèse*, chap. III.)

L'auteur de l'*Ecclésiastique* avait poussé l'orgueil du sexe jusqu'à dire : Mieux vaut un homme vicieux qu'une femme vertueuse.

Mahomet dit au nom de son Dieu :

« Les hommes sont supérieurs aux femmes à cause des qualités par lesquelles Dieu a élevé ceux-là au-dessus de celles-ci, et parce que les hommes emploient leurs biens pour doter les femmes.

Vous réprimanderez celles dont vous aurez à craindre l'inobéissance ; vous les reléguerez dans des lits à part, *vous les battrez* ; mais aussitôt qu'elles vous obéissent, ne leur cherchez point querelle. » (*Koran*, chap. IV, 38.)

Les lois de Manou disent :

« Pendant son enfance, une femme doit dépendre de son père ;

3*

tu es la tentation, le péché, le mal ; — tu représentes la chair, — c'est-à-dire la corruption, la pourriture. — Pleure sur ta condition, jette de la cendre sur ta tête, enferme-toi dans un cloître, et là, macère ton cœur, qui est fait pour l'amour, et tes entrailles de femme, qui sont faites pour la maternité ; et quand tu auras ainsi mutilé ton cœur et ton corps, offre-les tout sanglants et tout desséchés à ton Dieu pour la rémission du *péché originel* commis par ta mère Ève. Puis le législateur lui a dit ; — Femme, par toi-même tu n'es rien comme membre actif du corps humanitaire ; tu ne peux espérer trouver place au banquet social. — Il faut, si tu veux vivre, que tu serves d'*annexe* à ton seigneur et maître, l'homme. — Donc, jeune fille, tu obéiras à ton père ; — mariée, tu obéiras à ton mari, veuve et vieille, on ne fera plus aucun cas de toi. — Ensuite le savant philosophe lui a dit : — Femme, il a été constaté par la science que, d'après ton organisation, tu es *inférieure* à

pendant sa jeunesse, elle dépend de son mari ; son mari étant mort, de ses fils ; si elle n'a pas de fils, des proches parents de son mari, ou à leur défaut, de ceux de son père ; si elle n'a pas de parents paternels, du souverain : une femme ne doit jamais se gouverner à sa guise. »

Voici qui est le plus curieux : — « Elle doit être toujours de bonne humeur. »

215. La femme ne peut ester en jugement sans l'autorisation de son mari, quand même elle serait marchande publique, ou non commune, ou séparée de biens.

37. Les témoins produits aux actes de l'état civil ne pourront être que du sexe masculin. (Code civil.)

L'un (l'homme) doit être actif et fort, l'autre (la femme) *passif* et faible. J.-J. Rousseau, *Emile.*)

Cette formule se trouve reproduite dans le Code :

213. Le mari doit protection à sa femme, la femme obéissance à son mari.

l'homme (1). — Or, tu n'as pas d'intelligence, pas de compréhension pour les hautes questions, pas de suite dans les idées, aucune capacité pour les sciences dites exactes, pas d'aptitude pour les travaux sérieux, — enfin, tu es un être faible de corps et d'esprit, pusillanime, superstitieux ; en un mot, tu n'es qu'un enfant capricieux, volontaire, frivole ; pendant 10 ou 15 ans de la vie tu es une gentille *petite poupée*, mais remplie de défauts et de vices. — C'est pourquoi, femme, il faut que l'homme soit *ton maître* et ait toute autorité sur toi (2).

Voilà, depuis six mille ans que le monde existe, comment les sages des sages ont jugé la *race femme*.

Une aussi terrible condamnation, et répétée pendant six mille ans, était de nature à frapper la foule, car la sanction du temps a beaucoup d'autorité sur la foule. — Cependant, ce qui doit nous faire espérer qu'on pourra en appeler de ce jugement, c'est que de même, pendant six mille ans, les sages des sages ont porté un jugement non moins terrible sur une autre race de l'humanité : les PROLÉTAIRES. — Avant 89, qu'était le prolétaire dans la société française ? — Un *vilain*, un *manant*, dont on faisait une *bête de somme taillable et corvéable*. — Puis arrive la révolution de 89, et tout à coup voilà les sages des sages qui proclament que la *plèbe* se nomme *peuple*, que les *vilains* et les *manants* se nomment *citoyens*. — Enfin, ils proclament en pleine assemblée nationale les *droits de l'homme* (3).

(1) La plupart des savants, soit naturalistes, médecins ou philosophes, ont conclu plus ou moins explicitement à l'infériorité intellectuelle de la femme.

(2) La femme a été faite pour l'homme. (S. Paul.)

(3) Le peuple français, convaincu *que l'oubli et le mépris des droits naturels de l'homme sont les seules causes des malheurs du monde, a résolu d'exposer dans une déclaration solennelle*

Le prolétaire, lui pauvre ouvrier regardé jusque là comme une *brute*, fut bien surpris en apprenant que c'était *l'oubli et le mépris qu'on avait fait de ses droits qui avaient causé les malheurs du monde*. — Oh! il fut bien surpris d'apprendre qu'*il allait jouir de droits civils, politiques et sociaux*, et qu'enfin il devenait l'*égal* de son ancien seigneur et maître. — Sa surprise augmenta quand on lui apprit qu'il possédait un cerveau absolument de *même qualité* que celui du prince royal héréditaire. — Quel changement! — Cependant on ne tarda pas à s'apercevoir que ce *second* jugement porté sur la *race prolétaire* était bien plus exact que le premier, puisqu'à peine eut-on proclamé que les prolétaires étaient *aptes* à toute espèce de fonctions civiles, militaires et sociales que l'on vit sortir de leurs rangs des généraux comme Charlemagne, Henri IV ni Louis XIV n'avaient jamais pu en recruter dans les rangs de leur orgueilleuse et brillante noblesse (1). Puis, comme par enchantement, il surgit en foule des rangs des prolétaires des savants,

ses droits sacrés et inaliénables, afin que tous les citoyens pouvant comparer sans cesse les actes du Gouvernement avec le but de toute institution sociale, ne se laissent jamais opprimer et avilir par la tyrannie; afin que le peuple ait toujours devant les yeux les bases de sa liberté et de son bonheur, le magistrat la règle de ses devoirs, le législateur l'objet de sa mission.

En conséquence, il proclame, en présence de l'Etre suprême, la déclaration suivante des droits de l'homme et du citoyen:

1. Le but de la société est le bonheur commun. — Le Gouvernement est constitué pour garantir à l'homme la jouissance de ses droits naturels et imprescriptibles.

2. Ces droits sont, l'égalité, la liberté, la sûreté, la propriété.

3. Tous les hommes sont égaux par la nature et devant la loi.

4. La loi est l'expression libre et solennelle de la volonté générale. (Convention nationale, 27 juin 1793.)

(1) Tous les fameux généraux de l'Empire sortaient de la classe ouvrière. — Avant 89, les *nobles seuls* étaient officiers.

des artistes, des poètes, des écrivains, des hommes d'Etat, des financiers, qui jetèrent sur la France un lustre que jamais elle n'avait eu. — Alors la gloire militaire vint la couvrir comme d'une auréole; les découvertes scientifiques l'enrichirent, les arts l'embellirent; son commerce prit une extension immense, et en moins de 30 ans la richesse du pays *tripla*. — La démonstration par les faits est sans réplique. — Aussi tout le monde convient aujourd'hui que les hommes naissent indistinctement avec des facultés à peu près égales, et que la seule chose dont on devrait s'occuper, serait de *chercher à développer toutes les facultés de l'individu en vue du bien-être général.*

Ce qui est arrivé pour les prolétaires est, il faut en convenir, de bon augure pour les femmes lorsque leur 89 aura sonné. — D'après un calcul fort simple, il est évident que la richesse croîtra indéfiniment le jour où l'on appellera les femmes (la moitié du genre humain) à apporter dans l'activité sociale leur somme d'intelligence, de force et de capacité. — Ceci est aussi facile à comprendre que 2 est le *double* de 1. — Mais, hélas! nous ne sommes pas encore là, et en attendant cet heureux 89 constatons ce qui se passe en 1843.

L'Église ayant dit que la femme était *le péché;* le législateur, *que par elle-même elle n'était rien, qu'elle ne devait jouir d'aucun droit;* le savant philosophe, que par son *organisation elle n'avait pas d'intelligence,* on en a conclu que c'était un pauvre être déshérité de Dieu, et les hommes et la société l'ont traitée en conséquence.

Je ne connais rien de puissant comme la logique forcée, inévitable, qui découle d'un principe posé ou de l'hypothèse qui le représente. — L'infériorité de la femme une fois proclamée et posée comme *principe,* voyez quelles conséquences désastreuses il en résulte pour le bien-être universel de tous et de toutes en l'humanité.

Croyant que la femme, par son organisation, manquait de force, d'intelligence, de capacité et qu'elle était impropre aux travaux sérieux et utiles, on en a conclu *très logiquement* que ce serait perdre son temps que de lui donner une éducation rationnelle, solide, sévère, capable d'en faire un membre utile de la société. On l'a donc élevée pour être une *gentille poupée* et une esclave destinée à *distraire son maître et à le servir.* — A la vérité, de temps à autre quelques hommes doués d'intelligence, de sensibilité, souffrant dans leurs mères, dans leurs femmes, dans leurs filles, se sont récriés contre la barbarie et l'absurdité d'un pareil ordre de choses, et ont protesté énergiquement contre une condamnation aussi inique (1). — A plusieurs reprises la société s'est émue

(1) Voici, entre autres choses, ce que dit Fourier :

« J'ai trouvé dans le cours de mes recherches sur le régime sociétaire beaucoup plus de raison chez les femmes que chez les hommes ; car elles m'ont plusieurs fois donné des idées neuves qui m'ont valu des solutions de problèmes très imprévues.

Plusieurs fois j'ai dû à des femmes de la classe nommée *primesautier* (esprit qui saisit promptement et rend ses idées avec exactitude, sans intermédiaire), des solutions précieuses qui m'avaient mis l'esprit à la torture. Les hommes ne m'ont jamais été d'aucun secours en ce genre.

Pourquoi ne trouve-t-on pas chez eux cette aptitude aux idées neuves, exemptes de préjugés ? C'est qu'ils ont l'esprit asservi, enchaîné par les préventions philosophiques dont on les a imbus dans les écoles. Ils en sortent la tête farcie de principes contraires à la nature, et ne peuvent plus envisager avec indépendance une idée neuve. Pour peu qu'elle discorde avec Platon ou Sénèque, ils s'insurgent et lancent l'anathème sur celui qui ose contredire le divin Platon, le divin Caton, le divin Raton. »

(*La fausse Industrie*, page 526.)

un moment; mais, poussée par la logique, elle a répondu : Eh bien ! mettons que les femmes ne soient pas ce que les sages ont cru ; supposons même qu'elles aient beaucoup de force morale et beaucoup d'intelligence : eh bien ! dans ce cas, à quoi servirait de développer leurs facultés, puisqu'elles ne trouveraient pas *à les employer utilement* dans cette société qui les repousse? —Quel supplice plus affreux que de sentir en soi la force et la puissance d'agir, et de se voir condamné à l'inaction !

Ce raisonnement était d'une vérité irréfragable. — Aussi tout le monde de répéter : C'est vrai, les femmes souffriraient trop si l'on développait en elles les belles facultés dont Dieu les a dotées; si dès leur enfance on les élevait de manière à ce qu'elles comprissent bien leur dignité d'être et qu'elles eussent conscience de leur valeur comme membres de la société; jamais, non, jamais elles ne pourraient supporter la condition avilissante que l'Église, la loi et les préjugés leur ont faite. Il vaut mieux les traiter comme des *enfants* et les laisser *dans l'ignorance sur elles-mêmes;* elles souffriront moins.

Suivez bien, et vous verrez quelle effroyable perturbation résulte uniquement de l'acceptation d'un *faux principe.*

Ne voulant pas m'écarter de mon sujet, bien qu'ici l'occasion soit belle pour parler au point de vue général, je rentre dans mon cadre, la classe ouvrière.

Dans la vie des ouvriers la femme est tout. — Elle est leur unique providence. — Si elle leur manque, tout leur manque. Aussi disent-ils : *C'est la femme qui fait ou défait la maison,* » et ceci est l'exacte vérité : c'est pourquoi on en a fait un proverbe. — Cependant quelle éducation, quelle instruction, quelle direction, quel développement moral ou physique reçoit la femme du peuple ? — Aucun. — Enfant, elle est laissée à la merci d'une mère et d'une grand'mère qui, elle-mêmes, n'ont reçu aucune éducation : — l'une, selon son naturel, sera brutale et méchante, la battra et la maltraitera sans motif ; — l'autre sera faible insouciante, et lui laissera faire toutes ses volontés. (En ceci, comme en tout ce que j'avance, je parle en général ; bien entendu j'admets de nombreuses exceptions.) La pauvre enfant s'élèvera au milieu des contradictions les plus choquantes, — un jour irritée par les coups et les traitements injustes, — le lendemain amollie, viciée par des *gâteries* non moins pernicieuses.

Au lieu de l'envoyer à l'école (1), on la gardera à la maison de préférence à ses frères, parce qu'on en tire mieux parti dans le ménage, soit pour bercer les enfants, faire les commissions, soigner la soupe, etc. — A 12 ans on la met en apprentissage : là elle continue à être exploitée par la patronne et souvent à être aussi maltraitée qu'elle l'était chez ses parents,

Rien n'aigrit le caractère, n'endurcit le cœur, ne rend l'esprit méchant comme la souffrance continuelle qu'un enfant endure par suite d'un traitement injuste et brutal. — D'abord l'injustice nous blesse, nous afflige, nous désespère ; puis lorsqu'elle

(1) J'ai su, par une personne qui a passé les examens pour tenir une salle d'asile, que, par des ordres reçus de haut, les instituteurs de ces sortes d'écoles devaient s'occuper de *développer l'intelligence des garçons plus que celle des filles.* — Généralement, tous les maîtres d'école de village agissent de même à l'égard des enfants qu'ils instruisent. Plusieurs m'ont avoué *qu'ils en recevaient l'ordre.* Ceci est encore une conséquence logique de la position inégale qu'occupent dans la société l'homme et la femme. Il y a, à ce sujet, un dire qui est proverbial : « Oh ! *pour une femme,* elle en sait toujours *bien assez !* »

se prolonge, elle nous irrite, nous exaspère, et, ne rêvant plus qu'au moyen de nous venger, nous finissons par devenir nous-mêmes durs, injustes, méchants. — Tel sera l'état normal de la pauvre fille à 20 ans. — Alors elle se mariera, sans amour, uniquément parce qu'il faut se marier si l'on veut se soustraire à la tyrannie des parents. Qu'arrivera t-il? — Je suppose qu'elle ait des enfants; — à son tour, elle sera tout-à-fait incapable d'élever convenablement ses fils et ses filles : elle se montrera envers eux aussi brutale que sa mère et sa grand-mère l'ont été envers elle (1).

Femmes de la classe ouvrière, observez bien, je vous prie, qu'en signalant ici *ce qui est* touchant votre ignorance et votre incapacité à élever vos enfants, je n'ai nullement l'intention de porter *contre vous et votre nature* la moindre accusation. Non, c'est la société que j'accuse de vous laisser ainsi *in-cultes*, vous, femmes; vous, mères, qui auriez tant besoin, au contraire, d'être instruites et développées, afin de pouvoir à votre tour *instruire et développer les hommes, enfants, confiés à vos soins.*

Les femmes du peuple, en général, sont brutales, méchantes, parfois dures. — C'est vrai; mais d'où provient cet état de choses si peu conforme avec la nature douce, bonne, sensible, généreuse, de la femme?

Pauvres ouvrières! elles ont tant de sujets d'irritation! D'abord le mari. — (Il faut en convenir, il y a

(1) Les femmes du peuple se montrent très tendres mères pour les petits enfants jusqu'à ce qu'ils aient atteint l'âge de deux à trois ans. — Leur instinct de femme leur fait comprendre que l'enfant, pendant ses deux premières années a besoin d'une sollicitude continuelle. — Mais passé cet âge, elles les brutalisent, (sauf exceptions).

peu de ménages d'ouvriers qui soient heureux.)—Le
mari ayant reçu plus d'instruction, étant *le chef de
par la loi*, et aussi *de par l'argent* qu'il apporte dans
le ménage (1), se croit (et il l'est de fait) bien supérieur à la femme, qui, elle, n'apporte que le petit sa-

(1) Il est à remarquer que dans tous les métiers exercés par
les hommes et les femmes, on paie la journée de l'ouvrière, *moitié moins* que celle de l'ouvrier, ou, si elle travaille à la tâche,
son salaire est moitié moindre. Ne pouvant pas supposer une injustice aussi flagrante, la première pensée qui nous frappe est
celle-ci : — A raison de ses forces musculaires, l'homme fait
sans doute le *double* de travail de la femme. Eh bien ! lecteur, il
arrive justement le contraire. — Dans tous les métiers où il faut
de l'adresse et l'agilité des doigts, les femmes font presque le
double d'ouvrage des hommes. — Par exemple, dans l'imprimerie,
pour *composer* (à la vérité elles font beaucoup de fautes, mais
cela tient à leur manque d'instruction) ; dans les filatures de
coton, fil ou soie, pour *rattacher les fils* ; en un mot, dans tous
les métiers où il faut une certaine légèreté de main, les femmes
excellent. — Un imprimeur me disait un jour avec une naïveté
tout à fait caractéristique : — « On les paie moitié moins, c'est
très juste, puisqu'elles vont plus *vite* que les hommes ; elles gagne-
raient trop si on les payait le même prix. » — Oui, on les paie,
non en raison *du travail* qu'elles font, mais en raison du *peu de
dépenses* qu'elles font, par suite des privations qu'elles s'impo-
sent. — Ouvriers, vous n'avez pas entrevu les conséquences désastreuses qui résulteraient pour vous d'une semblable injustice
faite au détriment de vos mères, de vos sœurs, de vos femmes, de
vos filles. — Qu'est-il arrivé? Que les industriels, voyant les
ouvrières travailler *plus vite* et à *moitié prix*, congédient chaque
jour les ouvriers de leurs ateliers et les remplacent par des ouvrières. — Aussi l'homme se croise les bras et meurt de faim
sur le pavé ! — C'est ainsi qu'ont procédé les chefs des manufac-
tures en Angleterre. — Une fois entré dans cette voie, on con-
gédie les femmes pour les remplacer par des *enfants de douze
ans*. — Economie de la *moitié du salaire!* — Enfin on arrive à
ne plus occuper que des enfants de *sept ou huit ans*. — Laissez
passer une injustice, vous êtes sûrs qu'elle en engendrera des
milliers.

laire de sa journée, et n'est dans la maison que la très humble servante.

Il résulte de ceci que le mari traite sa femme pour le moins avec beaucoup de dédain. — La pauvre femme, qui se sent humiliée dans chaque parole, dans chaque regard que son mari lui adresse se révolte ouvertement ou sourdement, selon son caractère; de là naissent des scènes violentes, douloureuses qui finissent par amener entre le *maître* et la *servante* (on peut même dire l'*esclave*, car la femme est, pour ainsi dire, la *propriété* du mari) un état constant d'irritation. — Cet état devient si pénible, que le mari, au lieu de rester chez lui à causer avec sa femme, se hâte de fuir, et comme il n'a point d'autre lieu où aller, il va au cabaret boire du *vin bleu* avec d'*autres maris* aussi malheureux que lui, dans l'espoir de *s'étourdir* (1).

(1) Pourquoi les ouvriers vont-ils au cabaret ? — L'égoïsme a frappé les hautes classes, celles qui gouvernent, d'une cécité complète. — Elles ne comprennent pas que leur fortune, leur bonheur, *leur sûreté*, dépendent de l'amélioration morale, intellectuelle et matérielle de la classe ouvrière. Elles abandonnent l'ouvrier à la misère, à l'ignorance, pensant, selon l'ancienne maxime, que *plus le peuple est brute, plus il est facile à museler* — Ceci était bon *avant la déclaration des droits de l'homme*; depuis, c'est commettre un grossier anachronisme, une faute grave. — Du reste, il faudrait être au moins conséquent : si l'on croit qu'il soit d'une *bonne et savante politique* de laisser la classe pauvre à l'état de *brute*, alors pourquoi récriminer sans cesse contre ses vices? — Les riches accusent les ouvriers d'être paresseux, débauchés, ivrognes; et pour appuyer leurs accusations, ils s'écrient :— «Si les ouvriers sont misérables, c'est uniquement *par leur faute*. — Allez aux barrières, entrez dans les cabarets, vous les trouverez remplis d'*ouvriers* qui sont là à boire et perdre leur temps. »— Je crois que si les ouvriers, au lieu d'aller au cabaret, *se réunissaient sept* (nombre que permettent les lois de septembre) *dans une chambre, pour s'y instruire en commun de*

Ce moyen de distraction aggrave le mal. — La femme qui attend la paye du dimanche pour faire vivre toute la famille pendant la semaine, se désespère en

leurs droits et aviser aux moyens à prendre pour les faire valoir légalement, les riches seraient plus *mécontents* que de voir les cabarets *pleins.*

Dans l'état actuel des choses, le cabaret est le TEMPLE de l'ouvrier ; c'est le *seul lieu* où il puisse aller. — L'Église, il n'y croit point ; le théâtre, il n'y comprend rien. — Voilà pourquoi les cabarets *sont toujours pleins.* — A Paris, les trois quarts des ouvriers n'ont pas même de domicile ; ils couchent en garni dans des *chambrées ;* et ceux qui sont en ménage logent dans des *greniers* où la place et l'air manquent, par conséquent ils sont *forcés* d'en sortir, s'ils veulent exercer un peu leurs membres et raviver leurs poumons. — Vous ne voulez pas instruire le peuple, vous lui défendez de *se réunir*, dans la crainte qu'il s'instruise lui-même, qu'il parle de *politique* ou de *doctrines sociales ;* vous ne voulez pas qu'il lise, qu'il écrive, qu'il occupe sa pensée, dans la crainte qu'il ne se révolte !.... Mais que voulez-vous donc qu'il fasse ? Si vous lui interdisez tout ce qui est du ressort de l'esprit, il est clair que, pour toute ressource, il ne lui reste que le cabaret. — Pauvres ouvriers ! — Accablés de misères, de chagrins de toutes sortes, soit dans le ménage, chez le patron, ou enfin, parce que les travaux répugnants et forcés auxquels ils sont condamnés, leur irritent tellement le système nerveux, qu'ils en deviennent parfois comme fous ; dans cet état, pour échapper à leurs souffrances, ils n'ont d'autre refuge que le cabaret. — Aussi vont-ils là, boire du *vin bleu*, médecine exécrable ! — mais qui a la vertu *d'étourdir.*

En face de pareils faits, il se rencontre dans le monde des gens *dits vertueux*, *dits religieux*, qui, confortablement établis dans leurs maisons, boivent *à chaque repas* et *en abondance* du bon vin de Bordeaux, du vieux Chablis, d'excellent Champagne, — et ces gens-là font de belles *tartines morales* contre l'ivrognerie, la débauche et l'intempérance de la classe ouvrière !....

Dans le cours des études que j'ai faites sur les ouvriers (depuis dix ans je m'en occupe), jamais je n'ai rencontré d'*ivrogne*, de vrai *débauché*, parmi les ouvriers *heureux en ménage* et *jouissant d'une certaine aisance.* — Tandis que, parmi ceux qui sont *malheu-*

voyant son mari en dépenser la plus forte partie au cabaret. Alors son irritation est portée au comble, et sa brutalité, sa méchanceté redoublent. — Il faut avoir vu de près ces ménages d'ouvriers (surtout les mauvais) pour se faire une idée du malheur qu'éprouve le mari, de la souffrance qu'éprouve la femme. — Des reproches, des injures, on passe aux coups, ensuite aux pleurs, au découragement et au désespoir (1).

reux en ménage et plongés dans une misère extrême, j'ai trouvé des ivrognes incorrigibles.

Le cabaret n'est donc pas la cause du mal, mais simplement l'effet. — La cause du mal est uniquement dans l'ignorance, la misère, l'abrutissement où la classe ouvrière est plongée. — Instruisez le peuple, et dans vingt ans les débitants de vin bleu, qui tiennent cabaret aux barrières, fermeront boutique faute de consommateurs.

En Angleterre, où la classe ouvrière est beaucoup plus ignorante et malheureuse qu'en France, les ouvriers et ouvrières poussent ce vice de l'ivrognerie jusqu'à la démence.

(Voyez à ce sujet ce qu'en dit Eug. Buret.)

(1) Je citerai à l'appui de ce que j'avance ici, touchant la brutalité des femmes du peuple et aussi l'excellence de leur nature, un fait qui est arrivé à Bordeaux en 1827, pendant mon séjour dans cette ville.

Parmi les vendeuses de légumes qui tiennent boutique en plein vent sur la place du marché, il y en avait une redoutée de toutes les bonnes, tant elle était insolente, méchante et brutale. — Le mari de cette femme était boueur, et ramassait les boues dans les rues de la ville. — Un soir il rentre, et la soupe n'était pas prête. — Une dispute s'élève entre le mari et la femme. — Des injures le mari veut en venir aux voies de fait, et il donne un soufflet à sa femme. — Celle-ci, qui, en cet instant, taillait la soupe avec un grand couteau de cuisine, exaspérée par la colère, fondit sur son mari, son couteau à la main, et lui traversa le cœur. — Celui-ci tomba roide mort. — La femme fut conduite en prison.

En voyant son mari mort, cette femme si brutale, si méchante,

Après les cuisants chagrins causés par le mari,
viennent ensuite les grossesses, les maladies, le manque
d'ouvrage et la misère, la misère, qui est toujours là

fut saisie d'une si grande douleur, d'un si grand repentir, que,
malgré son crime, elle inspira à tout le monde, non seulement
de la compassion, mais encore du respect. — Il fut facile d'établir que c'était le mari qui l'avait provoquée; que le meurtre
avait été commis dans un moment de colère, mais sans nulle pré-
méditation. — Sa douleur était telle, qu'on craignait pour sa vie,
et comme elle nourrissait un enfant de quatre mois, le juge d'instruction, croyant la calmer, lui dit qu'elle pouvait se tranquilli-
ser, qu'elle serait acquittée. — Mais quelle fut la surprise de tous
les assistants, lorsqu'en entendant ces paroles cette femme s'écria:
— « Moi, acquittée! Ah! monsieur le juge, qu'osez-vous dire?...
Si l'on acquittait une misérable comme moi, il n'y aurait plus
aucune justice sur la terre. »
On employa tous les raisonnements pour lui faire comprendre
qu'elle n'était point *criminelle*, puisqu'elle n'avait pas eu la *pensée* de commettre un meurtre. — « Eh! qu'importe la pensée?
répétait-elle, s'il y a en moi une brutalité qui me porte tantôt à estropier un de mes enfants, tantôt à tuer mon mari? — Ne
suis-je pas un être dangereux, incapable de vivre parmi la société? » — Enfin, lorsqu'elle fut bien convaincue qu'elle serait
acquittée, cette femme, brute, sans la moindre éducation, prit
une résolution digne des hommes les plus forts de la République
romaine. — Elle déclara qu'elle voulait se faire justice à elle-
même et qu'elle allait *se laisser mourir de faim*... Et avec quelle
force, quelle dignité elle exécuta cette terrible sentence de
mort prononcée par elle-même! — Sa mère, sa famille, ses sept
enfants, vinrent la supplier en pleurs de consentir à vivre pour
eux. — Elle rendit à sa mère son petit nourrisson en disant: —
« Apprenez à mes enfants à se féliciter d'avoir perdu une pareille mère, car, dans un moment de brutalité, je pourrais les tuer,
comme j'ai tué leur père. » — Les juges, les prêtres, les femmes
du marché, et beaucoup de personnes de la ville, allèrent auprès
d'elle pour la solliciter *en sa faveur*. Elle fut inébranlable. —
Alors, on essaya d'un autre moyen; on mit dans sa chambre des
gâteaux, des fruits, du laitage, du vin, des viandes; on alla jusqu'à faire rôtir de la volaille qu'on lui apportait toute chaude,

plantée à la porte comme la tête de Méduse.—Ajoutez à tout cela cette irritation incessante causée par quatre ou cinq enfants criards, turbulents, ennuyeux, qui sont à tournoyer autour de la mère, et cela dans une petite chambre d'ouvrier, où l'on n'a pas de place pour se remuer. Oh! il faudrait être un ange descendu sur la terre pour ne pas s'irriter, ne pas devenir brutale et méchante dans une pareille position.— Cependant, dans un tel milieu de famille, que deviennent les enfants? Ils ne voient leur père que le soir et le dimanche. Ce père, toujours en état d'irritation ou d'ivresse ne leur parle qu'en colère, et ils ne reçoivent de lui que des injures et des coups; entendant leur mère s'en plaindre continuellement, ils le prenne en haine, en mépris. —Quant à leur mère, ils la craignent, lui obéissent, mais ne l'aiment pas; car l'homme est ainsi fait, il ne peut aimer ceux qui le maltraitent. — Et n'est-ce donc pas déjà un grand malheur pour un enfant de ne pas pouvoir aimer sa mère! — S'il a du chagrin, dans le sein de qui ira-t-il pleurer? — Si par étourderie, entraînement, il a commis quelque faute grave, à qui pourra-t-il se confier? N'ayant aucun attrait à rester près de sa mère l'enfant cherchera tous les prétextes pour s'éloigner de la maison maternelle. Les mauvaises sociétés sont faciles à faire, pour les filles comme pour les garçons. De la flânerie on passera au vagabondage, et souvent du vagabondage au vol.

Parmi les malheureuses qui peuplent les maisons de prostitution... et les malheureux qui gémissent au

afin que l'odeur l'excitât à manger, — « Tout ce que vous faites-là est inutile, répétait-elle avec beaucoup de sang-froid et de dignité; une femme qui est assez brutale pour tuer le père de ses sept enfants doit mourir, et je mourrai. » — Elle souffrit des tortures affreuses sans se plaindre, et le septième jour, elle expira.

bagne, combien s'en trouve-t-il qui peuvent dire : —
« Si nous avions eu une mère *capable de nous élever*,
certes nous ne serions pas ici. »

Je le répète, la femme est tout dans la vie de l'ouvrier : comme mère, elle a action sur lui pendant
son enfance; c'est d'elle, et uniquement d'elle,
qu'il puise les premières notions de cette science si
importante à acquérir, la science de la vie, celle qu
nous enseigne à vivre convenablement pour nous e
pour les autres, selon le milieu où le sort nous a placés (1). — Comme amante, elle a action sur lui pen-

(1) Voici comment *la Phalange*, du 11 septembre 1842,
s'exprime au sujet d'un article fort remarquable de *la Presse* :
La Presse a pris le sage parti de laisser là les vaines querel-
les sur la petite session, sur le caractère des votes de l'enquête
et de la loi de régence, sur la conversion de M. Thiers, et elle se
met à étudier les questions qui vont être soumises aux conseils-
généraux..... Aujourd'hui beaucoup d'enfants restent encore
privés d'instruction, et 4,196 communes n'ont pas d'école. Pour
enlever tout prétexte aux parents, pour triompher de l'insouciance et du mauvais vouloir de quelques conseils municipaux,
le publiciste de *la Presse* propose de supprimer la rétribution
mensuelle payée par les élèves, et demande que l'établissement et
l'entretien de toutes les écoles cessent d'être à la charge des communes, et soient désormais inscrits au budget de l'Etat. Nous
avons toujours dit que la société doit l'éducation à tous ses membres, et il est tout à fait déplorable que le gouvernement d'un
pays éclairé ne pourvoie pas lui-même, et de rigueur, à ce que
l'enfance soit entourée de tous les soins nécessaires à son développement. Nous citons la fin de l'article de *la Presse*. Les ré-
flexions de ce journal sur l'instruction des femmes sont justes et
lui font honneur. Nous avons, en toute occasion, protesté contre
cet odieux et stupide abandon d'un *sexe entier* dont se rendait
coupable notre société dite *civilisée* et réellement *barbare* sous
beaucoup de rapports.
« A côté de cette réforme importante, il en est une autre, plus
urgente peut-être, que les conseils-généraux doivent également
recommander à l'administration et aux chambres, nous voulons

1

dant toute sa jeunesse, et quelle puissante action
pourrait exercer une jeune fille belle et aimée! —
Comme épouse, elle a action sur lui les trois quarts
de sa vie. — Enfin comme fille, elle a action sur lui
dans sa vieillesse. — Remarquez que la position de
l'ouvrier est tout autre que celle de l'oisif. — Si l'enfant du riche a une mère incapable de l'élever, on le
met en pension ou on lui donne une gouvernante. —
Si le jeune homme riche n'a pas de maîtresse, il peut
occuper son cœur et son imagination par l'étude des
beaux-arts ou de la science. — Si l'homme riche n'a
point d'épouse, il ne manque pas de rencontrer des dis-
tractions dans le monde. — Si le vieillard riche n'a
pas de fille, il trouve quelques vieux amis ou jeunes
neveux qui consentent très volontiers à venir faire
sa partie de boston, tandis que l'ouvrier, auquel
tous ces plaisirs sont interdits, n'a pour toute joie,
pour toute consolation, que la société des femmes de

parler de l'organisation des écoles primaires pour les filles.
N'est-il pas étrange qu'un pays comme la France, qui se regarde
comme à la tête de la civilisation, qui cherche à le prouver en ré-
pandant sur toutes les classes de citoyens les lumières de l'instruction, qui ouvre partout des écoles pour les enfants et des écoles pour leurs maîtres, néglige aussi complétement d'instruire les
femmes, ces premiers instituteurs de l'enfance? Cet oubli n'est
pas seulement une injustice, c'est une imprudence, c'est une
faute. Que résulte-t-il en effet, de l'ignorance de la plupart des
mères de famille? Que lorsqu'à cinq ans leurs fils arrivent à l'é-
cole, ils apportent une foule de dispositions mauvaises, de
croyances absurdes, d'idées fausses, qu'ils ont sucées avec leur
lait; et le maître a plus de peine à les leur faire oublier, à les détruire dans leur esprit, qu'à leur apprendre à lire. C'est donc,
en définitive *plus de temps et d'argent qu'il en coûte, pour con-
sommer une injustice et avoir de mauvais élèves, que pour
donner de l'instruction aux femmes, et en faire en même temps
des ouvrières plus habiles, des ménagères plus utiles, et des
répétiteurs naturels et gratuits des leçons de l'école.»*

4

sa famille, ses compagnes d'infortune. Il résulte de cette position qu'il serait de la plus haute importance au point de vue de l'amélioration *intellectuelle, morale et matérielle* de la classe ouvrière, que les femmes du peuple reçussent dès leur enfance une éducation rationnelle, solide, propre à développer tous les bons penchants qui sont en elles, afin qu'elles pussent devenir des ouvrières habiles dans leur métier, de bonnes mères de famille capables d'élever et de diriger leurs enfants et d'être pour eux, comme le dit *la Presse, des répétiteurs naturels et gratuits des leçons de l'école,* et afin qu'elles pussent servir aussi d'*agents moralisateurs* pour les hommes sur lesquels elles ont action depuis la naissance jusqu'à la mort.

Commencez-vous à comprendre, vous, hommes, qui criez au scandale avant de vouloir examiner la question, pourquoi je réclame des *droits pour la femme?* — pourquoi je voudrais qu'elle fût placée dans la société sur un pied d'*égalité absolue* avec l'homme, et qu'elle en jouît en vertu *du droit légal que tout être apporte en naissant?*

Je réclame des droits pour la femme, parce que je suis convaincue que *tous les malheurs du monde proviennent de cet oubli et mépris qu'on a fait jusqu'ici des droits naturels et imprescriptibles de l'être femme.* — Je réclame des droits pour la femme, parce que c'est l'*unique moyen qu'on s'occupe de son éducation,* et que de l'éducation de la femme dépend celle de l'homme en général, et *particulièrement celle de l'homme du peuple.* — Je réclame des droits pour la femme, parce que c'est le seul moyen d'obtenir sa réhabilitation devant l'église, devant la loi et devant la société, et qu'il faut cette réhabilitation préalable pour que *les ouvriers soient eux-mêmes réhabilités.* — Tous les maux de la classe ouvrière se résument par ces deux mots : Misère et ignorance ignorance et misère, — Or, pour sortir de ce dédale, je ne vois qu'un moyen : *commencer par instruire les femmes, parce que les femmes sont chargées d'élever les enfants mâles et femelles.*

Ouvriers, dans l'état actuel des choses, vous savez ce qui se passe dans vos ménages. Vous, homme, *le maître ayant droit* sur votre femme, vivez-vous avec elle le cœur content ? dites : êtes-vous heureux ?

Non, non ; il est facile de voir qu'en dépit de votre droit, vous n'êtes ni *content* ni *heureux.*

Entre le maître et l'esclave, il ne peut y avoir que la fatigue du poids de la chaîne qui les lie l'un à l'autre. — Là où l'absence de liberté se-fait sentir, le bonheur ne saurait exister.

Les hommes se plaignent sans cesse de l'humeur acariâtre, du caractère rusé et sourdement méchant, que manifeste la femme dans presque toutes ses rela-tions. — Oh! j'aurais bien mauvaise opinion de la *race femme*, si dans l'état d'abjection où la loi et les mœurs les ont placées, les femmes se soumettaient au joug qui pèse sur elles sans proférer un murmure. — Grâce à Dieu, il n'en est pas ainsi! leur protestation, et cela depuis le commencement des temps, a toujours été incessante. — Mais depuis *la déclaration des droits de l'homme*, acte solennel qui proclamait *l'oubli et le mépris que les hommes nouveaux faisaient d'elles,* leur protestation a pris un caractère d'énergie et de violence, qui prouve que l'exaspération de l'esclave est au comble (1).

Ouvriers, vous qui avez du bon sens et avec les-quels on peut raisonner, parce que vous n'avez pas, comme dit Fourier, l'esprit farci d'un tas de systèmes,

_____

(1) Lisez la *Gazette des Tribunaux.* — C'est là, en face des faits, qu'il faut étudier l'état d'exaspération que manifestent au-jourd'hui les femmes.

voulez-vous supposer pour un moment , que la femme est en *droit l'égale de l'homme?* eh bien! qu'en résulterait-il ?

1° Que dès l'instant où l'on n'aurait plus à redouter les conséquences dangereuses qu'amène nécessairement, dans l'état actuel de sa servitude, le développement moral et physique des facultés de la femme, on l'instruirait avec beaucoup de soin , afin *de tirer de son intelligence et de son travail le meilleur parti possible ;* — 2° Que vous, hommes du peuple, vous auriez pour mères des ouvrières habiles , gagnant de bonnes journées, instruites , bien élevées et très capables de vous instruire , de vous bien élever, vous, ouvriers, comme il convient à des hommes libres ; — 3° Que vous auriez pour sœurs , pour amantes, pour épouses, pour amies, des femmes instruites , bien élevées, et dont le commerce journalier serait pour vous on ne peut plus agréable : car, rien n'est plus doux , plus suave au cœur de l'homme, que la conversation des femmes lorsqu'elles sont instruites, bonnes, et causent avec sens et bienveillance.

Nous avons jeté un coup d'œil rapide sur ce qui se passe actuellement dans les ménages d'ouvriers ; examinons maintenant ce qui se passerait dans ces mêmes ménages si la femme était l'*égale* de l'homme.

Le mari, sachant que sa femme a des *droits égaux aux siens,* ne la traiterait plus avec le dédain, le mépris qu'on montre aux inférieurs ; au contraire , il la traiterait avec ce respect et cette déférence qu'on accorde *aux égaux.* Alors plus de sujet d'irritation pour la femme, et, une fois la cause de l'irritation détruite, la femme ne se montrera plus ni brutale , ni rusée , ni acariâtre, ni colère, ni exaspérée, ni méchante. — N'étant plus regardée dans la maison comme la *servante du mari,* mais bien comme l'*associée,* l'*amie,* la *compagne* de l'homme, naturellement elle prendra intérêt à l'association et fera tout ce qu'elle pourra pour faire fructifier le petit ménage. — Ayant des connaissances théoriques et pratiques, elle emploiera toute son intelligence à mener sa maison avec ordre, économie et entendement. — Instruite et connaissant l'utilité de l'instruction, elle mettra toute son ambition à bien élever ses enfants, elle les instruira elle-même avec amour, surveillera leurs travaux d'école, les placera en apprentissage chez de bons patrons ; enfin elle les dirigera en toutes choses avec sollicitude, tendresse et discernement. — Quel sera alors le contentement de cœur, la sécurité d'esprit, le bonheur de l'âme de l'homme, du mari, de l'ouvrier qui possédera une telle femme ! — Trouvant dans sa femme de l'intelligence, du bon sens, des vues élevées, il pourra causer avec elle sur des sujets sérieux, lui communiquer ses projets, et, de concert avec elle, travailler aux moyens d'améliorer encore leur position. — Flattée de sa confiance, elle l'aidera dans ses entreprises et affaires, soit par ses bons conseils, soit par son activité. — L'ouvrier étant lui-même instruit et bien élevé, trouvera un grand charme à instruire et à développer ses jeunes enfants. — Les ouvriers, en général, ont très bon cœur, ils aiment beaucoup les enfants. Avec quel courage cet homme travaillera toute la semaine, quand il saura qu'il doit passer le dimanche en compagnie de sa femme, qu'il aimera, de ses deux petites fillettes espiègles, caressantes, folâtres, de ses deux garçons déjà instruits et pouvant causer avec leur père sur des sujets sérieux ! Avec quelle ardeur ce père travaillera pour gagner quelques sous en sus de sa paye ordinaire, afin de pouvoir faire cadeau à ses petites filles d'un joli bonnet, et à ses fils d'un livre, d'une gravure ou de toute autre chose qu'il saura devoir leur faire plaisir ! avec quels transports de joie ces petits

4*

cadeaux seraient reçus! et quel bonheur pour la mère de
voir cet amour réciproque entre le père et les enfants!
il est clair que, dans cette supposition, la vie de ménage
de famille, serait pour l'ouvrier ce qu'il y aurait de
plus désirable. — Se trouvant bien chez lui, heureux
et satisfait dans la compagnie de sa bonne vieille mère,
de sa jeune femme et de ses enfants, il ne lui viendrait
pas à l'idée de quitter sa maison pour aller se distraire
au cabaret, lieu de perdition où l'ouvrier perd son
temps, son argent, sa santé, et abrutit son intelligence. — Avec la moitié de ce qu'un ivrogne dépense
au cabaret, toute une famille d'ouvriers vivant unis,
pourrait, en été, aller dîner dans les champs. Il faut
si peu de chose aux gens qui savent vivre sobrement.
— Là, les enfants respirant le grand air, seront tout
joyeux de courir avec le père et la mère, qui se feront
enfants pour les amuser, et le soir, la famille, le cœur
content, les membres un peu délassés du travail de la
semaine, rentrera au logis très satisfaite de la journée. — En hiver, la famille ira au spectacle. — Ces
divertissements offrent un double avantage, ils instruisent les enfants en les amusant. Dans une journée
passée à la campagne, une soirée passée au théâtre,
que de sujets d'étude une mère intelligente peut trouver pour instruire ses enfants !

Dans les conditions que je viens de tracer, le ménage, au lieu d'être une cause de ruine pour l'ouvrier,
serait au contraire une cause de bien-être. Qui ne sait
combien l'amour et le contentement du cœur, triple,
quadruple les forces de l'homme? Nous l'avons vu
par quelques rares exemples. Il est arrivé qu'un ouvrier, adorant sa famille et se mettant en tête de
donner de l'éducation à ses enfants, faisait, pour atteindre ce noble but, l'ouvrage que trois hommes
non mariés n'auraient pu faire. Puis le chapitre des
privations. Les célibataires dépensent largement, ils

ne se refusent rien. — Que nous importe, disent-ils, après tout, nous pouvons boire et vivre joyeusement, puisque nous n'avons *personne à nourrir*. Tandis que l'homme marié qui aime sa famille, trouve de la satisfaction à se priver pour elle et vit avec une frugalité exemplaire.

Ouvriers, ce petit tableau, à peine esquissé, de la position dont jouirait la classe prolétaire si la femme était reconnue *l'égale de l'homme*, doit vous donner à réfléchir *sur le mal qui existe et sur le bien qui pourrait être*. — Cela doit vous faire prendre une grande détermination.

Ouvriers, vous n'avez pas pouvoir d'abroger les anciennes lois et d'en faire de nouvelles, — non, sans doute; — mais vous avez le pouvoir de protester contre l'iniquité et l'absurdité des lois qui entravent le le progrès de l'humanité et qui vous font souffrir, *vous*, plus particulièrement. — Vous pouvez donc, c'est même un *devoir sacré*, protester énergiquement en pensées, en paroles et en écrits, contre toutes les lois qui vous oppriment. — Or donc, tâchez de bien comprendre ceci : — La loi qui *asservit la femme* et la *prive d'instruction*, vous opprime, *vous, hommes prolétaires*.

Pour l'élever, l'instruire et lui apprendre la science du monde, le fils du riche a des *gouvernantes et institutrices savantes, des directrices habiles*, et enfin, de *belles marquises*, femmes élégantes, spirituelles, dont les fonctions, dans la haute société, consistent à se charger de *faire l'éducation* des fils de famille qui sortent du collège. — C'est une fonction très utile pour le bien-être de ces messieurs de la haute noblesse. — Ces dames leur apprennent à avoir de la politesse, du tact, de la finesse, de la souplesse dans l'esprit, de belles manières; en un mot, elles en font des hommes qui *savent vivre*, des *hommes comme il faut.* — Pour peu qu'un jeune homme ait de la capacité, s'il a le bonheur d'être sous *la protection* d'une de ces femmes aimables, *sa fortune est faite.* — A trente-cinq ans il est sûr d'être ambassadeur ou ministre. — Tandis que vous, pauvres ouvriers, pour vous élever, vous instruire, vous n'avez que *votre mère*; pour faire de vous des hommes *sachant vivre,* vous n'avez que les femmes de *votre classe,* vos compagnes d'ignorance et de misère (1).

Ce n'est donc pas au nom de la *supériorité de la*

(1) Je viens de démontrer que l'ignorance des femmes du peuple a les conséquences les plus funestes. — Je soutiens que l'émancipation des ouvriers est *impossible* tant que les femmes resteront dans cet état d'abrutissement. — Elles arrêtent tout progrès. — Parfois j'ai été *témoin* de scènes violentes entre le mari et la femme. — Souvent j'en ai été victime, en recevant les *injures* les plus grossières. — Ces pauvres créatures, ne voyant pas plus loin que *le bout de leur nez,* comme on dit, se mettaient en fureur après le mari, et après *moi,* parce que l'ouvrier perdait *quelques heures de son temps,* à s'occuper *d'idées politiques ou sociales.* — « Qu'as-tu besoin de t'occuper des choses qui ne te *regardent pas*? s'écriaient-elles, pense *à gagner de quoi manger* et laisse aller le monde comme il voudra. »

Ceci est cruel à dire, mais je *connais* de malheureux ouvriers, hommes de cœur, d'intelligence et de bon vouloir, qui ne demanderaient pas mieux de consacrer leur dimanche et leurs petites épargnes *au service de la cause,* et qui, pour avoir la *paix dans leur maison,* cachent à leur femme et à leur mère *qu'ils viennent me voir et qu'ils m'écrivent.* Ces mêmes femmes m'ont en exécration, *disent des horreurs de moi,* et, sans la crainte de la *prison,* peut-être pousseraient-elle le *zèle* jusqu'à venir *m'injurier* chez moi et me *battre,* et tout cela, parce que je commets le grand crime, disent-elles, de mettre en tête de leurs hommes des *idées* qui les obligent à *lire,* à *écrire,* à *parler entre eux,* toutes choses *inutiles* qui font *perdre du temps.* » — Ceci est déplorable! — Cependant j'en ai rencontré *quelques unes* capables de comprendre les questions sociales et qui se montrent dévouées *femme* (comme on ne manquera pas de m'en accuser) que je vous dis de réclamer des droits pour la femme: non vraiment. — D'abord, avant de discuter *sur sa supériorité*, il faut que *son individu social soit reconnu*. — Je m'appuie sur une base plus solide. — C'est au nom de *votre propre intérêt à vous, hommes*; c'est au nom de *votre amélioration, à vous, hommes*; enfin, c'est au nom du *bien-être universel de tous et de toutes* que je vous engage à réclamer des droits pour la femme, et, en attendant, de les lui *reconnaître* au moins *en principe*.

C'est donc à vous, ouvriers, qui êtes les *victimes de l'inégalité de fait* et de l'injustice, c'est à vous qu'il appartient d'établir enfin sur la terre le règne de la justice et de l'*égalité absolue* entre la femme et l'homme.

Donnez un grand exemple au monde, exemple qui prouvera à vos oppresseurs que c'est par *le droit* que vous voulez triompher, et non par la force brutale ; vous, cependant, 7, 10, 15 millions de prolétaires, qui pourriez disposer de cette force brutale!

Tout en réclamant pour vous la justice : prouvez que vous êtes justes, équitables; proclamez, vous, les hommes forts, les hommes *aux bras nus*, que vous reconnaissez la femme pour *votre égale*, et qu'à ce titre, vous lui reconnaissez *un droit égal* aux bénéfices de l'UNION UNIVERSELLE DES OUVRIERS ET OUVRIÈRES.

Ouvriers, peut-être que dans trois ou quatre ans vous aurez *votre premier palais à vous*, prêt à recevoir 600 vieillards et 600 enfants. — Eh bien ! proclamez par vos statuts, qui deviendront VOTRE CHARTE, proclamez *les droits de la femme*, à *l'égalité*. Qu'il soit *écrit* dans VOTRE CHARTE qu'on admettra, dans les palais de l'UNION OUVRIÈRE, pour y recevoir l'éducation intellectuelle et profes-

sionnelle, *un nombre égal* de FILLES et de GAR-
ÇONS.

Ouvriers, en 91, vos pères ont proclamé l'immor-
telle déclaration des DROITS DE L'HOMME, et
c'est à cette solennelle déclaration que vous devez
d'être aujourd'hui *des hommes libres* et *égaux* en
droit *devant la loi.* — Honneur à vos pères pour cette
grande œuvre! — Mais, prolétaires, il vous reste à
vous, hommes de 1843, une œuvre non moins grande
à accomplir. — A votre tour, *affranchissez les der-
nières esclaves* qui restent encore dans la société française ; proclamez les DROITS DE LA FEMME, et
dans les mêmes termes que vos pères ont pronclamé
les vôtres, dites :

« Nous, prolétaires français, après cinquante-trois
ans d'expérience, nous reconnaisssons être duement
éclairés et convaincus *que l'oubli et le mépris qu'on a
fait des droits naturels de la femme sont les seules
causes des malheurs du monde, et nous avons résolu
d'exposer dans une déclaration solennelle, inscrite
dans notre charte, ses droits sacrés et inaliénables.
Nous voulons que les femmes soient instruites de nôtre
déclaration, afin qu'elles ne se laissent plus opprimer
et avilir par l'injustice et la tyrannie de l'homme, et
que les hommes respectent dans les femmes, leurs
mères, la liberté et l'égalité dont ils jouissent eux-
mêmes.*

1° *Le but de la société devant être le bonheur commun de l'homme et de la femme,* L'UNION OUVRIÈRE
*garantit à l'homme et à la femme la jouissance de leurs
droits d'ouvriers et d'ouvrières.*

2° *Ces droits sont : l'égalité à l'admission dans les
PALAIS de l'UNION OUVRIÈRE, soit comme enfants, blessés ou vieillards.*

3° *Pour nous, la femme étant l'égale de l'homme, il
est bien entendu que les filles recevront, quoique di-*

verse, une instruction aussi rationnelle, aussi solide, aussi étendue en science morale et professionnelle, que les garçons.

4° Quant aux blessés et aux vieillards, le traitement en tout sera le même pour les femmes que pour les hommes.

Ouvriers, soyez-en sûrs, si vous avez assez d'équité, de justice, pour inscrire dans votre Charte les quelques lignes que je viens de tracer, cette déclaration des droits de la femme passera bientôt dans les mœurs; des mœurs dans la loi, et avant vingt-cinq ans vous verrez inscrit en tête du livre de la loi qui régira la société française : — EGALITE ABSOLUE de l'homme et de la femme.

Alors, mes frères, et seulement alors, l'UNITE HUMAINE sera CONSTITUÉE.

Fils de 89, voilà l'œuvre que vos pères vous ont léguée !

IV.

Plan de l'UNION UNIVERSELLE des Ouvriers et Ouvrières.

Je vais jeter ici un léger aperçu de la marche qu'il serait convenable de suivre, si l'on veut constituer promptement et sur des bases solides, l'UNION-OUVRIÈRE.

Il est bien entendu que je n'ai pas la prétention de tracer un plan définitif dont on ne devra point s'écarter. Je ne pense pas qu'un plan tracé ainsi à l'avance puisse jamais se réaliser. — C'est lorsqu'on est à l'œuvre, et seulement alors, qu'il est possible de bien apprécier les moyens les plus propres à faire réussir l'entreprise. — Tailler, trancher, affirmer en théorie est, selon moi, faire preuve d'une grande ignorance des difficultés de la mise en pratique.

Cependant, comme il est naturel que la personne qui a conçu une idée, en saisisse toute l'étendue et comprenne tous les développements qu'elle peut comporter, je crois devoir, afin d'applanir beaucoup de difficultés, poser quelques bases qui pourront servir à fonder l'organisation de l'UNION-OUVRIÈRE.

Afin qu'on puisse retrouver plus facilement les paragraphes qu'on pourrait avoir besoin de consulter, je prends le parti de les numéroter. — Cette forme paraîtra peut-être un peu bizarre; car je n'ai pas l'intention de rédiger ici des statuts, mais en ceci, comme dans tout le reste de ce travail, je prie le lecteur de ne pas oublier que j'ai dû, et ne me suis, en effet, occupée que *du fonds*. J'ai senti que pour bien traiter de pareilles questions, il fallait se borner à être *claire*, *laconique* et ne pas reculer devant certains détails prêtant peu à faire du style; l'élégance des formes littéraires auraient nui à mon sujet. Désirant *convaincre*, je devais employer *la logique*; or, la logique est l'ennemie jurée des formes *dites poétiques*. — C'est pourquoi j'ai évité avec grand soin de me servir de cette forme qui *plaît*, mais en définitive *ne prouve rien*, et laisse le lecteur *enchanté*, mais non *convaincu*.

Voulant rendre mon idée encore plus claire, je divise l'*esquisse* de ce plan par parties et place en tête un sommaire où l'on pourra saisir d'un coup-d'œil les points principaux.

I. — Comment les Ouvriers doivent procéder pour constituer l'Union Ouvrière.

1. Les ouvriers doivent commencer par former
dans leurs sociétés respectives de *compagnonnage*, de
l'union, de *secours mutuels*, etc. (1), un ou plusieurs
comités (selon le nombre de sociétaires) composés de
7 membres (5 hommes et 2 femmes (2)), choisis
parmi les *plus capables*.

2. Ces comités ne pourront recevoir aucune cotisation : — provisoirement leur fonction se bornera
à faire inscrire sur un *grand livre registre*, le sexe,
l'âge, les noms, la demeure, la profession de tous
ceux qui voudront devenir membres de l'UNION-
OUVRIERE, et le montant de la cotisation pour laquelle chacun voudra souscrire.

3. Pour avoir droit à faire mettre son nom sur le
livre, il faudra *prouver* qu'on est effectivement ou-

(1) Les sociétés de Paris et de la banlieue sont au nombre de
deux cent trente-six, comprenant quinze mille huit cent quarante
souscripteurs, et ayant en caisse trois millions environ.
(De la condition des ouvriers de Paris, de 1789 jusqu'en
1841, page 254).
(2) Si je n'admets pas dans les comités un nombre égal de
femmes et d'hommes, c'est parce qu'il est constaté qu'aujourd'hui
les femmes ouvrières sont beaucoup moins *instruites* et moins
développées intellectuellement que les hommes ouvriers. —
Mais il est bien entendu que cette inégalité ne sera que *transitoire*.

vrier ou ouvrière (1). Et nous entendons par ouvrier et ouvrière tout individu qui *travaille de ses mains* n'importe comment. Ainsi les domestiques, les portiers, les commissionnaires, les laboureurs et tous gens dits *de peine*, seront considérés comme ouvriers. On devra excepter seulement les *militaires* et les *marins.* — Voici la cause de cette exception : 1° C'est que l'État vient au secours des militaires et des marins par la *caisse des invalides ;* 2° C'est que les militaires ne sachant faire qu'un *travail destructif* et les marins un *travail de mer,* ne pourraient ni les uns ni les autres trouver à *s'occuper utilement* dans les palais de l'UNION-OUVRIERE.

4. Cependant, comme les soldats et les marins appartiennent à la classe ouvrière, et qu'à ce titre ils ont *droit* à faire partie de l'UNION OUVRIERE, on les inscrira sur un livre *à part* à titre de *frères.* Ils pourront verser des cotisations afin de faire admettre *leurs enfants* dans les palais. Sur un troisième livre on inscrira, à titre de *membres sympathiques,*

(1) L'UNION OUVRIERE procédant au nom de l'UNITÉ UNIVERSELLE, ne doit faire *aucune distinction* entre les nationaux et les ouvriers et ouvrières appartenant à n'importe quelle nation de la terre. — Ainsi, pour tout individu *dit étranger,* les bénéfices de l'UNION seront absolument *les mêmes* que pour les Français.

L'UNION OUVRIERE devra établir dans les principales villes d'Angleterre, d'Allemagne, d'Italie, en un mot, dans toutes les capitales de l'Europe des *comités de correspondance,* — afin que les ouvriers et ouvrières de toutes les nations européennes puissent se faire inscrire sur les registres de l'UNION OUVRIERE comme *membres* de l'UNION. — On devra prendre, pour les comités de correspondance les mêmes précautions que pour ceux de France. — Le montant de ces cotisations sera envoyé au comité central, et chaque membre de l'UNION aura droit à l'admission soit pour lui, soit pour ses enfants, selon leur tour de rôle.

toutes les personnes qui voudront coopérer à la prospérité de la classe ouvrière.

5 Dans aucun cas le *mendiant de profession* ne pourra mettre son nom sur le livre. Mais les ouvriers qui sont inscrits *au bureau de charité* et qui reçoivent des secours parce que *leur travail est insuffisant pour faire vivre leur famille*, ne pourront être exclus. Le malheur est respectable; la paresse seule avilit, dégrade et on doit la repousser sans pitié.

6. En vue de l'Union, il faut, et ceci *est de la plus grande importance*, que les ouvriers se fassent un *devoir*, une *mission* d'employer toute l'influence dont ils jouissent auprès des ouvrières leurs mères, femmes, sœurs, filles et amies, afin de les engager à se joindre à eux. Il faut qu'ils les entraînent et les accompagnent eux-mêmes au comité afin qu'elles signent leurs noms sur le grand livre de l'Union. C'est là une belle mission pour les ouvriers.

7. Aussitôt que tous les ouvriers et ouvrières seront *représentés* par des comités *nommés par eux*; ces comités éliront dans leur sein un *comité central* pour toute la France; son siège sera à *Paris* ou à *Lyon* (dans celle de ces deux villes où il y aura le plus d'ouvriers). Ce comité sera composé de 50 membres (40 hommes et 10 femmes) choisis parmi les *plus capables*.

8. Il est bien entendu qu'on ne devra pas attendre que toute la classe ouvrière soit représentée par des comités pour nommer le *comité central*. Ainsi pour Paris il suffit qu'un nombre convenable d'ouvriers et d'ouvrières soit représenté pour qu'on procède à l'élection du comité central (1).

(1) Il y a dans Paris 275,000 ouvriers de tout âge et de tout sexe; à ce nombre, il faut ajouter celui de 50,000 pour les por-

9. Dès que le comité central sera élu, l'UNION-OUVRIÈRE sera constituée.

II. — Comment l'Union Ouvrière doit procéder au point de vue matériel.

10. Le premier acte du comité central doit être: de donner l'ordre à tous les comités correspondants de faire remettre aux notaires ou banquiers désignés (un par arrondissement) les grands livres registres sur lesquels les noms et les cotisations auront été inscrits, afin que chaque membre de l'UNION OUVRIÈRE puisse aller verser en *mains sûres*, soit le dimanche soit le lundi matin, le montant de sa cotisation (1).

tiers, leurs femmes et leurs enfants, pour les domestiques de tout sexe, ainsi que pour les commissionnaires. On peut évaluer à 50,000 les ouvriers et les ouvrières, blanchisseuses ou couturières qui travaillent dans leur chambre ou vont en journée. Additionnant ces divers chiffres, on a pour résultat 335,000 à 350,000 ouvriers.

(De la condition des ouvriers de Paris, page 234.)

(1) Certaines personnes pourront être effrayées à l'idée de percevoir 14 millions au moyen de petites cotisations de 2 fr. — Cependant, rien ne serait plus simple, par exemple, pour les ouvriers *rangés* (on peut compter dans cette catégorie hardiment la moitié) et qui travaillent chez des patrons amis de l'ordre, et comprenant que, du bien-être de la classe ouvrière, dépend la prospérité du pays (et, disons le, ces patrons sont en majorité), ces ouvriers, dis-je, pourraient s'entendre avec leurs patrons pour qu'ils versassent entre les mains des percepteurs de l'UNION OUVRIÈRE les 2 fr. de cotisation de chacun. — De cette manière, il n'y aurait aucun dérangement ni pour l'ouvrier, ni pour le percepteur. — Quant aux ouvriers qui ne travaillent pas régulièrement chez les mêmes patrons, il est clair que la perception de leur cotisation ne pourra se faire aussi facilement, et donnera aux percepteurs plus de peine pour les allées et venues, — mais, en définitive, la chose est *faisable*.

Du reste, à cet égard, on pourra se guider sur ce qu'O'connell

11. Pour la comptabilité qu'exigeront les sommes incessamment versées, on imitera autant que possible, l'organisation des caisses d'épargnes.

12. On nommera, pour aller percevoir les cotisations dans les ateliers et à domicile, des hommes qui recevront un salaire, mais qui seront obligés de donner un cautionnement.

13. Le second acte du comité central doit être : de chercher parmi les membres de l'UNION, ou en dehors, quatre personnes, hommes ou femmes, offrant des garanties, 1° comme ayant du cœur et du dévouement; 2° de l'intelligence et de la capacité; 3° une connaissance réelle de l'esprit et de la position matérielle de la classe ouvrière; 4 une activité et une éloquence propre à avoir action sur des ouvriers. Le comité central investira ces quatre personnes de ses pleins pouvoirs et les enverra parcourir toute la France. On leur donnera le titre d'ENVOYÉS DE L'UNION-OUVRIÈRE. Les *envoyés* auront pour mission : de former dans toutes les villes, villages, bourgs et hameaux, des comités organisés *absolument sur la même base que ceux de Paris.*

14. Le comité central allouera aux *envoyés* un traitement annuel, pour cette mission, ou une somme suffisante pour leurs voyages.

15. Afin de simplifier autant que possible l'action administrative, et aussi de rendre la surveillance plus

et le *comité directeur* ont établi pour l'Irlande, et là les perceptions présentent encore de bien plus grandes difficultés, puisqu'on reçoit *un sou par semaine.* — Les sociétés religieuses ont établi partout de ces sortes de cotisations ; les fidèles donnent *un sou par semaine, six sous par mois,* etc., etc., — et toutes les petites sommes avec lesquelles les prêtres de toutes les religions font de si grandes choses, se perçoivent, soit par les membres des confréries, ou par un prêtre quelconque, sans la moindre difficulté.

active et plus facile, les comités des petites villes, bourgs et hameaux, correspondront avec les *villes-chefs* (1) de leur département, et les comités de ces villes-chefs rendront compte au comité central des opérations faites par les petits comités.

16. Quant à la manière de réunir les cotisations et de les faire parvenir au comité central, rien de plus facile. — A mesure que les notaires recevront des fonds, ils les déposeront chez les receveurs-généraux de leurs villes, et ceux-ci les feront passer au comité central. De cette manière, on pourra transporter d'un bout de la France à l'autre des sommes considérables à très peu de frais (2).

17. En ce qui concerne le placement des fonds, je m'abstiendrai, quant à présent, d'en rien dire. J'avoue que j'ai l'esprit trop positif pour faire des calculs sur une chose qui n'*existe pas encore*. — Provisoirement le comité central sera tenu de placer les fonds qu'il recevra en rentes sur l'État, afin qu'on ne perde pas l'intérêt de l'argent.

18. Trois inspecteurs-généraux seront nommés, ayant pour mission de surveiller les opérations financières du comité central; et, à la fin de chaque année, ils publieront sur cet objet un rapport qui devra être distribué à tous les comités de l'UNION.

19. Ces quelques lignes suffisent, je pense, pour donner un aperçu de l'organisation matérielle que je conçois pour l'UNION OUVRIÈRE. — Maintenant, passons à la partie intellectuelle.

(1) La *ville-chef* sera celle où il y aura le plus d'ouvriers.

(2) Comme la province doit presque toujours à Paris, le papier sur cette ville gagnera plutôt qu'il ne perdra.

III. — Au point de vue intellectuel

20. J'ai dit, dans le second chapitre, que l'UNION OUVRIERE devait commencer par *se faire représenter devant le pays.* — Or, aussitôt qu'elle sera constituée matériellement, elle devra procéder *à la nomination de son défenseur.* — Mais, me dira-t-on, comment nommer un défenseur, si on n'a pas d'argent en caisse pour le payer. Oh! en pareille circonstance, je pense que le comité central peut bien demander six mois ou un an de *crédit* à son défenseur. — Il est probable que, la première année, on ne pourra pas donner 500,000 francs au défenseur ; — mais il ne faut pas que le comité central s'arrête devant l'obstacle du manque d'argent. — Quel est donc l'homme qui oserait refuser crédit à une UNION OUVRIERE qui l'aurait choisi pour défendre la sainte cause ? — *Pas un*, soyez-en sûrs. — Ensuite le défenseur comprendra très bien que sa seule nomination fera venir à l'UNION OUVRIERE 2, 3 et 4 millions d'ouvriers qui ne viendraient pas sans cette nomination. — Oui, car n'oubliez pas que ce *défenseur, nommé et salarié* par l'UNION, sera la preuve vivante que la classe ouvrière est bien réellement *constituée.* Dès lors, on ne pourra plus contester sa force, sa puissance, et une fois sa force et sa puissance *reconnues*, les ouvriers *incrédules, insouciants* (et c'est le plus grand nombre), ne douteront plus, et pleins d'espoir, viendront apporter leur cotisation. — C'est l'histoire de l'affaire qui a réussi : *tout le monde veut prendre des actions ;* c'est l'histoire des moutons de Panurge : si le berger peut parvenir à en faire passer une douzaine, le reste *suit tout seul.* — Il faut donc nommer le défenseur, le nommer *tout de suite*, et, je le répète, si on hésite, si on recule, l'UNION est retardée de 50 ans.

21. Aussitôt le défenseur nommé, le comité central

devra faire un *appel* au Roi des Français, *comme étant le chef de l'Etat ;* aux membres du clergé catholique, *comme étant les chefs d'une religion qui repose sur un principe tout à fait démocratique ;* à la noblesse, *comme étant ce que la nation renferme de plus généreux et de plus charitable ;* — aux chefs d'usines, *comme étant redevables de leur fortune au travail des ouvriers ;* — aux financiers, *comme étant redevables des richesses qu'ils possèdent au travail des ouvriers, travail qui a donné de la valeur à l'argent ;* — aux propriétaires, *comme étant redevables de leur fortune aux ouvriers, dont le travail a donné de la valeur à la terre ;* — enfin, aux bourgeois qui, eux aussi, vivent et s'enrichissent *par le travail des ouvriers.*

22. Ces appels auraient un double but: 1° de faire verser des sommes dans la caisse de l'UNION OUVRIERE, par des dons volontaires qui seraient l *expression de la gratitude des classes dites supérieures* envers la classe ouvrière.—Ces sommes d'argent accéléreraient la construction des palais de l'UNION OUVRIERE. — 2° *Ces dons et les refus de dons* feraient connaître quelles sont les classes qui *sympathisent* avec l'UNION OUVRIERE, ou qui *désapprouvent* sa formation. — Eh bien! à l'époque où nous vivons, il est très important pour la classe ouvrière de savoir au juste à quoi s'en tenir sur la *sympathie* ou l'*antipathie* que lui vouent *les autres classes de la société.*

23. Voici le canevas de ces sortes d'appels tels que je les conçois. Au comité central à en modifier la rédaction, s'il le juge nécessaire.

24. APPEL AU ROI DES FRANÇAIS, *comme étant le chef nommé par la nation* (1).

Sire,

Les anciens rois de France contractaient, en acceptant le titre de *Roi*, l'obligation sacrée de défendre valeureusement la nation, dont ils étaient les *chefs militaires*, contre toute attaque ennemie.—Dans ces temps de guerre la France *appartenait de fait* à deux classes privilégiées, la noblesse et le clergé. *Seigneurs, barons, nobles* et *évêques* étaient les *chefs* religieux, militaires et civils, eux seuls gouvernaient la *plèbe* à leur gré et selon *leur bon plaisir*. — *Serfs, vilains, manants* et même *bourgeois*, subissaient leur domination. —Certes, le despotisme de ces *seigneurs* faisait peser sur la plèbe bien des douleurs et bien des souffrances..... Cependant, tout en recevant de son maître *des coups de fouet*, le serf en recevait aussi *du pain* pour sa nourriture, *des vêtements* pour se couvrir, *du bois* pour se chauffer et *un asile* pour s'abriter.

Sire, aujourd'hui les choses sont changées.—Il n'y a plus de roi de France, — plus de barons, — plus d'évêques. — Le peuple ne reçoit plus *de coups de fouet*; il est libre, et *tous sont égaux devant la loi*,—oui, mais en l'absence *du droit au travail*, il est exposé à *mourir de faim!*

En 1830, les représentants de la nation, jugeant qu'à une époque de paix, de liberté, d'égalité et de travail, elle n'avait plus besoin *d'un chef militaire*, prononcèrent *la déchéance du dernier roi de France*,—

(1) Roi (du latin *rex, regis*, fait de *regere*, régir, gouverner), celui qui, dans un royaume, exerce la puissance souveraine (Dict.)

Chef, celui qui est à la tête, qui commande, qui dirige, qui conduit, etc., etc. (Dict.)

5*

et en pleine Chambre des députés ils élurent un roi des Français (1).

Sire, en acceptant le titre de *Roi des Français*, vous avez contracté *l'obligation sacrée* de défendre les intérêts *de tous les Français.* Sire, c'est donc au nom du *mandat* que vous avez reçu du peuple français que l'UNION OUVRIERE vient avertir votre Majesté que les souffrances de la classe *la plus nombreuse et la plus utile* lui ont été cachées.—L'UNION OUVRIERE ne demande *aucun privilége*, elle réclame seulement la *reconnaissance d'un droit* qu'on lui a *dénié*, et sans la jouissance duquel *sa vie* n'est point en sûreté; elle réclame le DROIT AU TRAVAIL.

Sire, comme chef de l'Etat, vous pouvez prendre l'initiative d'une loi. Vous pouvez proposer aux Chambres une loi qui accorde *à tous et à toutes* le DROIT AU TRAVAIL.

Sire, en reconnaissant que les intérêts de la classe la plus nombreuse doivent, dans l'intérêt général, *prévaloir* sur tous les intérêts fractionnaires, les seuls qui jusqu'ici se soient fait entendre, vous tracerez un devoir dont aucun de vos successeurs ne tentera de s'écarter; vous assurerez au trône de juillet le plus ferme appui, à la France le plus haut degré de puissance et de richesse, à la nation le plus beau caractère moral; car la stabilité du trône, la puissance et la richesse de la France, la beauté morale du caractère national, la prospérité de la nation toute entière dépendent du degré d'instruction professionnelle et morale de la classe la plus *nombreuse* et la plus *utile*.

Comme chef de l'Etat, vous pouvez donner une éclatante marque de sympathie et de gratitude à l'UNION OUVRIERE. — Sire, vous êtes propriétaire

(1) Louis-Philippe Ier, élu roi des Français le 9 août 1830.

de plusieurs magnifiques domaines situés sur le sol français; vous pourriez immortaliser votre nom en offrant à l'UNION OUVRIERE, comme une marque de votre *sympathie* et de votre *gratitude* pour la classe *la plus nombreuse et la plus utile*, un de vos plus beaux domaines, pour qu'elle y bâtisse son *premier palais*. Une reine d'Angleterre a donné son propre palais, afin que les vieux marins, qui faisaient la richesse et la gloire de son empire, eussent un asile pour mourir en paix (1); Louis le Grand a fait bâtir les Invalides; c'est au roi *citoyen* à éleve le premier palais de l'UNION OUVRIERE.

Sire, en agissant ainsi, vous donnerez un grand et salutaire exemple qu'à l'avenir tout chef d'Etat sera *forcé d'imiter*.—Cet acte de générosité sera la proclamation que le *devoir* des rois *est de s'occuper principalement de la défense des intérêts de la classe la plus nombreuse et la plus utile*.

25. Au Clergé catholique.

Prêtres catholiques,

L'UNION OUVRIERE vient vous demander votre aide, votre concours, votre appui.

Fatigués de luttes et de réactions violentes, les prolétaires français cherchent aujourd'hui un remède à leur misère dans la fraternité et l'UNION. — Prêtres catholiques, soyez pour eux, dans cette grande œuvre, les apôtres de Jésus-Christ. Aidez de votre influence, de votre pouvoir, la classe ouvrière qui vous fait un appel, et, à son tour, elle vous aidera à reconstruire votre Eglise sur des bases solides. Prêtres catholiques, vous n'avez de vie qu'à la condition d'agir en vertu du principe que vous représentez : la démocra-

(1) La reine Elisabeth donna son palais de Greenwich pour faire un hôtel des invalides aux marins.

tie. — Prêchant pour le *peuple*, vous serez puissants, vénérés; tandis que, prêchant pour les *riches*, vous serez faibles et méprisés. Déclarez vous donc hautement les défenseurs de la classe *la plus nombreuse* et *la plus utile*. — Voilà votre *devoir*, voilà votre sainte mission: Prêtres catholiques, montrez-vous en dignes.

C'est au nom du Christ, votre maître; au nom des apôtres, qui eux ont établi l'Eglise catholique en prêchant, au péril de leur vie, l'égalité, la fraternité, l'UNION —; au nom des Pères de l'Eglise, qui n'écoutant que leur devoir, interdisaient l'entrée du temple à des empereurs souillés du sang de leurs peuples; — au nom des grands pontifes du moyen-âge qui lancèrent l'interdit sur les rois oppresseurs de leurs sujets; — au nom de ces célèbres orateurs, vos oracles, Bossuet, Massillon, Bourdaloue, le père Bridaine, qui faisaient trembler les grands du monde, en leur parlant des terribles jugements de Dieu touchant l'orgueil, et humiliaient le faste des princes, en leur rappelant d'une voix sévère que le premier devoir du chrétien est la charité envers les pauvres; — c'est au nom de tout ce passé catholique si puissant, si beau, si étincelant dans l'histoire, que l'UNION OUVRIERE vous demande de redevenir pour elle *des prêtres chrétiens !*

Nous savons que le mot *Eglise catholique* signifie *association universelle;* — que le mot *communion* signifie *fraternité universelle;* — nous savons que l'Eglise catholique a pour base le principe de l'UNITE, et pour but la fusion de tous les peuples, afin de constituer le monde en un grand corps religieux et social. — Prêtres catholiques, c'est à vous de réaliser ces grandes pensées d'UNITE posées par le Christ et ses apôtres. — Songez-y bien, vous ne pouvez effectuer cette œuvre qu'en vous faisant les prêtres de la classe la *plus nombreuse* et la *plus utile*. — Eh bien ! l'UNION OUVRIERE poursuit absolument le même but que celui de l'Eglise catholique. — L'UNION OUVRIERE veut la paix, la fraternité, l'égalité entre tous et toutes, l'UNITE HUMAINE. — Prêtres catholiques, si donc vous êtes réellement des hommes de paix et de *vrais catholiques*, votre place est parmi le peuple. C'est avec lui et à sa tête que vous devez marcher.

Vous, Prêtres, qui avez de vastes églises où se rassemble la population des villes et des campagnes; vous qui, du haut de votre chaire, pouvez parler aux riches et aux pauvres, prêchez donc aux uns la *justice*, et aux autres l'*union*.

Seulement comprenez bien que les prolétaires ne demandent pas l'*aumône* aux 10 millions de propriétaires. — Non, ils réclament le *droit au travail*, afin qu'assurés de pouvoir toujours gagner leur *pain*, ils ne soient plus avilis, dégradés par l'aumône que les riches leur jettent avec dédain.

Prêtres catholiques, si vous le voulez, vous pouvez hâter la construction du premier palais de l'UNION OUVRIERE. — Pour cela, vous n'avez qu'à prêcher *l'union en l'humanité, la fraternité en l'humanité et l'égalité entre tous et toutes*.

Quelle belle mission!—Oh! alors vous aurez *droit* à l'amour du peuple, à sa reconnaissance, à ses offrandes, à ses bénédictions; — car alors vous serez réellement les *prêtres du peuple*.

26. A la Noblesse française.

Noblesse française,

Nous, pauvres prolétaires, qui sommes de père en fils vos serviteurs, nous savons par expérience que, chez vous, la générosité du cœur tient de *race* comme la bravoure et l'élégance des manières. C'est pourquoi l'UNION OUVRIERE vient en toute confiance

vous demander votre coopération pour édifier *son
premier palais.*—Vous, Nobles Seigneurs, qui habi-
tez dans les villes vos vastes et magnifiques demeures,
— qui possédez dans toute la France des châteaux
dignes d'être des résidences royales,—vous qui vivez
avec un faste princier, est-ce que vous refuseriez de
donner quelques petites offrandes prises sur votre
superflu aux travailleurs qui labourent vos terres,
tissent vos riches étoffes de velours et de soie, — cul-
tivent vos magnifiques serres, afin que vous ayiez sur
votre table, en toutes saisons, de beaux fruits et de
belles fleurs, — soignent vos forêts, vos chevaux et
vos chiens, afin que vous puissiez prendre le plaisir
de la chasse, — en un mot travaillent 14 heures par
jour pour que vous puissiez jouir *à bon marché* de
toutes les superfluités du luxe le plus raffiné.

Non, sans doute, vous ne nous refuserez pas. Un
de vos plus grands mérites est de savoir donner. —
L'UNION OUVRIERE recevra avec gratitude les
gracieuses offrandes que vous voudrez bien lui envoyer pour son premier palais.

27. Aux Chefs d'usines.

Messieurs et Patrons,

En nous faisant travailler, vous vivez vous et
votre famille comme des banquiers anglais. Vous
amassez des richesses plus ou moins considérables. — Nous, en travaillant pour vous, nous avons
bien de la peine à vivre et à nourrir notre pauvre
famille. — Ceci est de l'*ordre légal.* — Aussi, remarquez bien que nous ne récriminons pas; nous ne vous
accusons pas; nous constatons seulement ce qui est.
Aujourd'hui enfin, les ouvriers connaissent la *cause*
de leurs maux, et voulant les faire cesser, ils se sont
UNIS.

L'UNION OUVRIERE a jugé qu'elle devait faire un appel à la générosité des *patrons*. Elle a pensé que Messieurs les chefs d'usines, pénétrés en leur âme et conscience de la gratitude qu'ils doivent à la classe ouvrière, seraient heureux de pouvoir lui donner une marque de leur sympathie. L'UNION OUVRIERE, animée de sentiments purement fraternels et d'intentions toutes pacifiques, a lieu de pouvoir compter sur l'appui de messieurs les Patrons. — Aussi vient-elle en toute confiance leur demander leur *patronage réel* et leur coopération active. Si messieurs les Patrons voulaient offrir à l'UNION OUVRIERE des dons, soit en argent soit en *nature*, leurs offrandes, de quelque espèce qu'elles fussent, seraient reçues avec reconnaissance.

28. AUX FINANCIERS, AUX PROPRIÉTAIRES ET AUX BOURGEOIS.

Ce serait la même lettre qu'on vient de lire, quant au fond, avec quelques variantes dans la forme.

29. Enfin le comité central devrait faire un dernier appel, celui sur lequel je *compterais le plus* (1),—aux femmes. — Voici comment je le conçois :

30. APPEL AUX FEMMES DE TOUS LES RANGS, DE TOUS LES AGES, DE TOUTES LES OPINIONS, DE TOUS LES PAYS.

Femmes,

Vous, dont l'âme, le cœur, l'esprit, les sens, sont

(1) On peut juger de ce que peuvent les femmes, lorsqu'elles le veulent, par ce qui vient de se passer au sujet du désastre de la Pointe-à-Pitre. — La Reine, à la tête, toutes les grandes dames de la Cour se sont mises à *travailler de leurs mains* avec une activité incroyable. — Elles ont organisé des *quêtes*, des *loteries* ; et enfin, nous les avons vues se faire *marchandes en boutiques* pour exercer la charité ! (Voy. le *Journal des Débats* du 30 avril 1843.

doués d'une impressionabilité telle, qu'à votre insu vous avez une larme pour toutes les douleurs,—un cri pour tous les gémissements,—un élan sublime pour toute action généreuse, — un dévouement pour toutes les souffrances,—une parole consolante pour tous les affligés; — femmes, vous qui êtes dévorées du besoin d'aimer, d'agir, de vivre; vous qui *cherchez partout* un but à cette brûlante et incessante activité de l'âme qui vous vivifie et vous mine, vous ronge, vous tue; — femmes, resterez-vous silencieuses et toujours cachées, lorsque la classe la *plus nombreuse* et la *plus utile*, vos frères et vos sœurs les prolétaires, ceux qui travaillent, souffrent, pleurent et gémissent, viennent vous demander, les mains suppliantes, de les aider à sortir de la misère et de l'ignorance !

Femmes, l'UNION OUVRIERE a jeté les yeux sur vous. — Elle a compris qu'elle ne pouvait pas avoir d'auxiliaires plus dévoués, plus intelligents, plus puissants.—Femmes, l'UNION OUVRIERE a droit à votre gratitude. C'est elle la *première* qui a reconnu *en principe* les droits de la femme. Aujourd'hui *votre cause* et la sienne deviennent donc communes. — Femmes de la classe riche, vous qui êtes instruites, intelligentes, qui jouissez du pouvoir que donne l'éducation, le mérite, le rang, la fortune; vous qui pouvez influencer les hommes dont vous êtes entourées, vos enfants, vos domestiques et les travailleurs vos subordonnés, prêtez votre puissante protection aux hommes qui n'ont pour eux que *la force du nombre et du droit*. — A leur tour, les hommes *aux bras nus* vous prêteront *leur appui*. — Vous êtes opprimées par les lois, les préjugés; UNISSEZ-VOUS aux opprimés, et au moyen de cette légitime et sainte alliance, nous pourrons lutter légalement, loyalement contre les lois et les préjugés qui nous oppriment.

Femmes, quelle mission remplissez-vous dans la

société? — Aucune. — Eh bien! voulez-vous occuper dignement votre vie, consacrez-la au triomphe de la plus sainte des causes : l'UNION OUVRIERE.

Femmes, qui sentez en vous le feu sacré qu'on nomme foi, amour, dévoûment, intelligence, activité, faites-vous les *prédicatrices* de l'UNION OUVRIERE.

Femmes écrivains, poètes, artistes, écrivez pour instruire le peuple, et que l'UNION soit le texte de vos chants.

Femmes riches, supprimez toutes ces frivolités de toilette qui absorbent des sommes énormes et sachez employer plus *utilement* et plus magnifiquement votre fortune. Faites des dons à l'UNION OUVRIERE.

Femmes du peuple, faites vous membres de l'UNION OUVRIERE, engagez vos filles, vos fils à s'inscrire sur le livre de l'UNION.

Femmes de toute la France, de toute la terre, mettez votre gloire à vous faire hautement et publiquement les *défenseurs* de l'UNION.

Oh! femmes, nos sœurs, ne restez pas sourdes à notre appel! — Venez à nous, nous avons besoin de votre *secours*, de votre *aide*, de votre protection!

Femmes, c'est au nom de vos *souffrances* et des *nôtres* que nous vous demandons votre coopération pour notre grande œuvre.

31. Le comité central pourrait faire aussi un appel aux artistes. — En général, ils sont très généreux. Ils pourraient apporter leur coopération à la construction du premier palais et le décorer avec leurs tableaux et statues. — Les artistes dramatiques et musiciens pourraient donner des représentations et des concerts *au bénéfice* de l'UNION OUVRIERE, dont le montant servirait à acheter des blocs de marbre, des toiles, des couleurs, et tout ce qu'il faudrait fournir aux artistes pour l'exécution de leurs travaux.

32. Le comité central devra revêtir d'un caractère de légalité et de solennité la forme donnée à ces sortes d'appels. — D'abord ils doivent *être revêtus des signatures de tous les comités de France*. Ensuite le comité central se rendra à pied et bannière en tête (1) chez le roi. — Là, un homme et une femme, se donnant la main en *signe d'union*, présenteront au roi l'appel. — Après, un homme et une femme portant un grand livre (livre des dons), le présenteront au roi, afin qu'il y inscrive de sa main son nom et les dons qu'il voudra faire à l'UNION OUVRIERE. — Ensuite le président de l'UNION OUVRIERE priera le roi de vouloir bien présenter les députés de l'UNION OUVRIERE à la reine et aux dames de la famille royale, pour qu'elles inscrivent leurs noms et leurs dons à la suite de ceux du roi.

33. En sortant de chez le roi, le comité central, séance tenante, rédigera une sorte de procès-verbal de tout ce qui se sera dit et fait durant cette visite au Château. — Les cinquante membres du comité signeront cette rédaction, et aussitôt on fera imprimer l'appel en y annexant le procès-verbal à 500,000 exemplaires. Le comité central enverra à tous les comités de France un certain nombre d'exemplaires qui seront distribués également et *gratis* dans toute la France.

34. On devra procéder de même pour tous les autres appels. Le comité se rendra à l'Archevêché pour présenter, avec les mêmes formes, le livre des dons à l'archevêque de Paris; puis aux principaux membres de la noblesse française résidant à Paris; — de même chez les artistes, les chefs d'usines, les banquiers, les grands propriétaires et les bourgeois représentés par leurs corps respectifs, Chambres du commerce, des

_____

(1) L'UNION OUVRIERE devra adopter pour drapeau la couleur *blanche* (*l'unité*). — Sa devise sera : UNION OUVRIERE, réclamant le droit au travail et l'organisation du travail.

notaires, des avoués, etc., etc. —Quant aux femmes :
comme dans la société actuelle elles ne peuvent disposer de leur fortune (à part les veuves et les demoi-
selles majeures), le comité ne pouvant s'adresser à
elles, leur fera savoir qu'elles trouveront au bureau
du comité central un *livre spécial* où elles pourront
venir inscrire leurs noms et leurs dons.

35. Je le répète, le comité central commettrait une
grande faute, s'il négligeait d'attirer sur l'UNION
OUVRIERE la sympathie de toutes les classes de la
société.

IV. — De l'Emploi des Fonds.

36. Les premiers fonds provenant des cotisations
seront employés : — 1º à payer les dépenses faites
pour l'achat des livres-registres et autres petits frais
de ce genre ; — 2º à louer un local et à le meubler
très simplement, pour que le comité central ait un
lieu de réunion ; —3º à faire les frais de toutes les im-
pressions jugées utiles ; —4º à donner aux *envoyés* les
sommes nécessaires pour leurs voyages après le calcul fait ; — 5º à payer les percepteurs ; 6º à allouer
une somme au défenseur ; — 7º à l'achat d'une propriété de l'étendue de 100 à 150 hectares de terre ; —
8º à la construction du premier palais ; — 9º à son
ameublement ; — 10º à l'approvisionnement complet
pour la consommation générale *d'une année*.

37. La propriété que l'on achètera doit réunir pour
conditions : 1º d'être située près de la ville siége du
comité central. Comme salubrité, elle ne pourra pas en
être éloignée moins de 8 kilomètres, et comme commodité, elle ne pourra pas en être éloignée de plus
de 24 kilomètres (1).—2º Elle devra être placée dans

_____

(1) Avec les chemins de fer, cette distance ne représente
qu'une demi heure.

un joli site, aéré et salubre; la terre devra en être
très bonne. — 3° Il faut qu'il s'y trouve de l'*eau cou-
rante.*

V. — Construction des Palais.

38. Nous sommes arrivés à une époque où, de progrès en progrès, l'état social marche à une complète
transformation. — La construction des palais de
l'UNION OUVRIERE ne doit pas être d'une solidité à
durer des siècles —L'essentiel est que les palais soient
construits de manière à offrir à la fois : 1° salubrité
sous le rapport de l'espace, du jour, du soleil, de la
ventilation et du chauffage; — 2° commodité sous
le rapport de la facilité et de la promptitude de com-
munication entre les divers corps de bâtiments; —
3° à l'intérieur, des logements commodément distribués pour les vieillards, les employés et les enfants;
— 4° à l'extérieur, des ateliers, des écoles et
des salles d'exercices, et enfin une ferme et toutes ses
dépendances en rapport avec les besoins de l'agriculture.—Il est urgent que le palais soit alimenté d'eaux
abondantes, afin d'y maintenir constamment une
propreté rigoureuse. — L'architecture de ce palais
doit être d'un aspect noble mais simple. Il doit présenter, par l'élévation de son style et la beauté de ses
ornements, un ensemble artistique, harmonieux dans
toutes ses parties. — L'architecte doit avoir constamment à la pensée que les enfants élevés dans ces palais sont destinés à construire eux-mêmes des palais
pour loger l'humanité; — qu'ils doivent devenir des
artisans-artistes, et que, pour atteindre ce but, il
faut, dès leur jeune âge, impressionner leur cœur,
leur imagination et leurs sens par la vue du beau.
— Rien ne réussira mieux à faire naître en eux
le goût des arts, la passion du beau, que de vivre

au milieu d'un assemblage de belles lignes, et d'avoir constamment les yeux impressionnés par l'élégance et la noblesse des formes qui les entourent.

39. Ce premier palais étant destiné à servir d'*essai*, sa construction devra captiver l'attention du comité central.

40. Peu d'*architectes* pourront être chargés de cette construction. — Construire un temple, une église, une mosquée, un panthéon, pour *loger une abstraction quelconque*.... ou des *tombeaux*, c'est faire, *en pierres*, une belle pièce de poésie. — Elever un palais pour un prince, c'est faire une ode ; — bâtir un hôtel pour 3,000 soldats invalides *soumis à la discipline*, c'est, avant tout, faire un calcul de mathématiques ; — enfin, bâtir un monastère pour 1,200 moines, un hôpital pour 4,000 malades, une caserne pour 2,000 soldats, une prison pour 3,000 prisonniers, un collége pour 2,000 élèves, — tous ces individus étant indistinctement soumis à une règle uniforme, de telles constructions, bien qu'elles soient difficiles, n'exigent pourtant pas de la part de l'architecte un grand effort d'imagination, tandis que la *création* d'un palais de l'UNION OUVRIERE présente des difficultés bien autrement sérieuses.

41. Jusqu'ici les *habitations communes* ont offert invariablement un caractère d'*uniformité* tellement fatigant et ennuyeux, que l'idée seule de vivre dans ces maisons, inspire à tous la plus vive répugnance. C'est à cette horreur pour l'*habitation commune*, que l'on doit le système de morcelage ; il est donc très essentiel que le palais de l'UNION OUVRIERE ne ressemble à rien de tout ce qui s'est fait jusqu'à présent.

42. Le séjour du palais de l'union doit être un séjour *agréable*, *désirable*; il doit provoquer l'envie,

comme le couvent, la caserne, l'hôpital, le collége provoquent la *répugnance* et le *dégoût*. Or, je ne conçois de séjour agréable que là, où chaque individu peut jouir du bien-être, de l'activité et du repos, selon son âge, et surtout d'une grande somme de liberté. Comme chacun de ces palais doit donner asile à 2 ou 3000 individus de sexe, d'âge, de métier et de goûts différents, il faut autant que possible, que chacun puisse se mouvoir sans gêner son voisin, et c'est là une immense difficulté. Ensuite, il faut songer que les palais de l'UNION OUVRIERE seront de grands centres d'activité. Il y aura là, travaux industriels, travaux agricoles, instruction morale et professionnelle pour les enfants, divertissements servant de récompenses et de délassements pour tous les travailleurs. La construction de ces palais doit donc satisfaire à la fois aux exigences de l'habitation intérieure et de la vie domestique, aux exigences de l'atelier, et enfin aux besoins si nombreux et si variés des travaux de l'agriculture. Il ne s'agit donc pas seulement de faire une habitation, une usine, une ferme; ici les *trois* doivent être combinés de manière à ne faire qu'*un;* en effet, les *trois* sont les membres d'*un même corps*, et ce corps doit être beau et très bien proportionné. L'architecte devra donc établir, avec le plus grand soin, et déterminer avec une exactitude rigoureuse, quels doivent être les rapports qui relient entre elles ces *trois* constructions ne faisant qu'*une*, et s'il veut que l'ensemble présente une harmonie parfaite, il faut qu'il donne à chacune des parties son développement complet. Or, la construction d'une vaste *habitation commune*, en même temps *triple* et *une*, et qui remplirait à la fois des conditions de beauté, de comfort, de liberté, capables de satisfaire aux nécessités d'un nombre de natures aussi variées, me paraît un important problème à résoudre. Je ne connais qu'un architecte capable de faire le plan du palais de l'UNION OUVRIERE; c'est M. César Daly. Du reste, il a pour lui un excellent antécédent; il a déjà exécuté le plan d'un édifice non moins difficile, celui du petit *phalanstère d'enfants*, d'après les idées de Fourier. Le plan de cet édifice se trouve exposé au bureau de la *Phalange*, le comité central pourrait aller l'examiner.

VI — Conditions d'admission dans les palais pour les Vieillards, les Blessés et les Enfants.

43. En toutes choses *les commencements* présentent inévitablement d'immenses difficultés; le christianisme a été des siècles avant de pouvoir s'établir et se faire accepter; mais est-ce à dire que parce que la chose présente de grandes difficultés, il ne faut pas se mettre à l'œuvre? Au contraire, plus il y a de difficultés à surmonter, plus on doit s'empresser de commencer. Il n'en sera pas, pour l'UNION OUVRIERE, de même qu'il en a été pour l'établissement du christianisme. Une fois constituée, dix ans après elle sera forte, puissante, et tout ce qui émanera de son sein, se fera avec l'ordre et la régularité propres à tout corps agissant en vertu de la constitution qui le régit. La mission des *moniteurs* (ainsi je nommerai ceux qui se mettront à la tête de la force populaire, force morale, *le droit*), leur mission sera, pendant les premières années, fort difficile. Il sera impossible de procéder avec toute la régularité voulue.

44. Je suppose ici le premier palais construit, meublé, approvisionné pour une année. Alors le comité central procédera à l'admission, non pas d'après l'ancienneté de date, comme cela se pratiquera par la suite, mais d'après le montant de l'argent en caisse.

45. D'abord on admettra dans les palais de l'union

tant d'individus par département, proportionnelle-
ment au nombre des souscripteurs. On pourrait, afin
d'éviter les préférences, passe-droits et injustices,
faire tirer au sort.

46. Par exemple, on admettra 600, 1000, 1500
ou 2000 individus, puis à mesure que les ressources
augmenteront, on bâtira de nouveaux palais. D'a-
près cette progression, dans 30 ans tous les ouvriers
et ouvrières seront sûrs d'avoir leurs enfants élevés
dans les palais de l'union, et d'y trouver un lit pour
leur vieillesse.

47. Pour règle générale, on admettra dans les palais de l'UNION OUVRIERE la moitié d'enfants (l'âge
d'admission sera six ans) et l'autre moitié de vieillards ou blessés.

48. Je ne veux ni ne puis faire ici aucun régle-
ment d'admission; ces réglements changeront au
fur et à mesure que les ressources de l'union augmenteront; seulement je crois qu'il faudrait admettre de
préférence les enfants *orphelins* ou fils de *veuves* ou ceux
dont les parents seraient *blessés* ou très *vieux*, et enfin
admettre, *comme principe*, que toute famille d'ouvriers ayant *plus de cinq enfants*, le 6e, 7e, 8e et au-
delà *entreraient de plein droit.* Quant aux blessés, on
admettra de préférence les *veufs* et les *veuves*; mais
cela, on le sent, n'est qu'une légère indication.

VII. — Organisation du travail dans les palais.

49. Les palais de l'UNION OUVRIERE offriront le
milieu le plus convenable, sous tous les rapports,
pour procéder à un ou plusieurs *essais d'organisation
du travail.* Là, hommes, femmes, enfants, tous seront travailleurs; tous se trouvant par leur position
dégagés du soin de la vie matérielle; ils pourront,

sans aucune répugnance, travailler selon le mode que l'on voudra essayer (1). Mais jusqu'au jour où l'on se sera *accordé* sur le mode à suivre pour l'organisation du travail, le comité central instituera dans chaque palais de l'Union *un comité directeur des travaux.* Le comité se composera de 3, 5, 7 (selon le nombre des habitants du palais) hommes des *plus capables* sous le double point de vue théorique et pratique. Il faudra, au moyen d'une combinaison, intéresser les membres du comité directeur à la prospérité du palais, soit par *une part dans les bénéfices des travaux,* soit par la certitude d'une retraite, soit enfin par l'admission de leurs enfants ou par des distinctions honorifiques. Ceci est très important. Comme les travaux agricoles s'exécuteront aussi dans les palais, les agriculteurs théoriciens, et surtout pratiques, feront partie du comité directeur.

50. Tous, hommes et femmes, étant ouvriers, seront *obligés,* selon leur âge, leurs forces et leur savoir, à travailler *une partie du jour,* sous la direction d'un chef d'atelier ; ils rempliront le rôle de *moniteurs,* et dirigeront des groupes d'enfants (2).

(1) Pourvu, toutefois, que ce mode ne soit pas attentatoire à la *liberté* et à la *dignité* humaines, comme, par exemple, *l'enré gimentation* que propose M. Enfantin.

(2) J'espère que personne ne sera tenté de dénaturer ma pensée et de m'accuser de vouloir faire, sous le nom de palais, des *work-houses* anglaises—(maisons de refuge pour la mendicité, où les pauvres sont *forcés de travailler fort péniblement*). Les vieillards et les enfants, selon que les *médecins* jugeront la capacité de leurs forces, travailleront à des travaux matériels, 2, 4, 5 heures, mais, dans aucune occasion, jamais *plus de 6 heures par jour,*—et les travaux devront être variés de manière à être plutôt une *récréation* qu'une fatigue.

6

VIII. — Education morale, intellectuelle et professionnelle à donner aux enfants.

51. Le lecteur comprendra que pour traiter des questions de cette importance, il faudrait écrire *au moins un volume*, et il serait bien rempli. Mais, ne voulant donner aux ouvriers qu'un petit livre, c'est à peine si j'ai pu indiquer ma pensée.

52. Il faudra nommer *un second comité directeur pour diriger l'éducation des enfants*. On procéderait, au sujet des directeurs et directrices de l'éducation, de la même manière qu'avec les directeurs et directrices des travaux.

53. Pour avoir des hommes et des femmes intelligents, instruits, moraux, et entrant bien dans l'esprit de l'UNION OUVRIERE, le comité central doit faire de grands sacrifices. — Forts appointements, retraites assurées, droit à faire élever leurs enfants, beau logement, grande considération ; en un mot, donner beaucoup aux instituteurs, afin d'être en droit d'exiger beaucoup d'eux.

54. Selon moi, il ne peut y avoir *de saine et véritable morale* que celle qui découle logiquement de la croyance à un Dieu *bon, juste, créant, et guidant* sa création avec ordre, sagesse et providence. — La morale à enseigner aux enfants consisterait à leur faire *comprendre* l'existence d'un Dieu *bon*, et l'action *toujours providentielle* exercée par Dieu sur toute sa création. L'enfant, élevé depuis l'âge de six ans dans une telle croyance, serait à l'abri des superstitions ridicules, des terreurs absurdes, des préjugés stupides, qui sont, en général, le partage des classes du peuple. — Ensuite, on leur ferait *comprendre* que la loi de l'humanité est le *progrès continu* ; sa condition, la *perfectibilité*. — Il faudrait, par toutes les démonstra-

trations possibles, faire *comprendre* à l'enfant que notre globe est un *grand corps humanitaire* dont les nations diverses représentent les viscères, les membres et les principaux organes ; dont les individus représentent les artères, les veines, les nerfs, les muscles, et jusqu'aux fibres les plus tenues ; que toutes les parties de ce grand corps sont aussi étroitement liées entre elles que les diverses parties du corps humain, toutes s'*entr'aidant les unes les autres*, et puisant la vie à la *même source*..... ; qu'un nerf, qu'un muscle, qu'un vaisseau, qu'une fibre, *ne peuvent pas souffrir* sans que le *corps tout entier ne se ressente de leur souffrance*.—De même, lorsqu'un *pied, un bras* ou un *doigt* nous fait mal, *tout notre corps est malade*. — Rien de plus facile à faire comprendre à l'enfant que cette *indivisibilité* du grand corps humanitaire et cette *solidarité des nations et des individus*. — Si jusqu'à présent, cette figure n'a pas été introduite dans l'enseignement, la faute en est aux opinions religieuses et politiques qui ont *divisé* les nations et les individus.

55. Au moyen de cette figure, reproduite sous toutes les formes, selon l'esprit de l'élève, les enfants finiront par comprendre parfaitement qu'en *aimant et servant leurs frères en l'humanité*, c'est en définitive *eux-mêmes qu'ils aiment et servent*, et qu'en *haïssant et faisant du mal à leurs frères en l'humanité*, c'est en définitive *eux-mêmes qu'ils haïssent et à qui ils font du mal*.

56. Qu'on ne vienne pas dire qu'une semblable morale ne serait que la *légitimation de l'égoïsme*. Ceux qui jugent ainsi sont de petits esprits à courte vue. — Aimer et servir soi-même en *l'humanité*, c'est aimer et servir la *créature de Dieu*. — Et n'est-ce pas en ce sens que Jésus l'a compris, lorsqu'il disait :

« Aime ton prochain comme toi-même. » Puis, « Ne fais pas à autrui ce que tu ne voudrais pas qu'il te fût fait. — Aimez-vous et servez-vous les uns les autres. » — Le mot religion signifie *s'allier*. — Eh bien! je le demande, comment rallier les nations, les peuples, les individus, dans une même pensée, pour travailler à un *but commun*, si nations, peuples et individus se haïssent, s'entr'égorgent? — Comment un Français aimerait-il un Anglais, un Russe, un Turc, s'il ne comprend pas qu'il y va de son *intérêt à lui d'aimer* et de servir le Turc, le Russe et l'Anglais, parce qu'ils *font tous corps avec lui et lui avec eux.* — Si l'amour est l'*âme* de l'intelligence, l'intelligence, à son tour, est le *flambeau* de l'amour. — Ces deux termes réunis forment ce que j'appellerai la *compréhension* et le *sens complet*; tandis que l'un séparé de l'autre ne forme qu'un je ne sais quoi de *bâtard, d'incomplet, de châtré*, ne possédant nulle force, nulle puissance, nulle vie.

57. En séparant l'amour de l'intelligence, on a porté un coup mortel à la religion de Jésus. — Le catholicisme a dit : « Croyez et n'examinez point : » — Qu'en est-il résulté? — Les natures *plus intelligentes* qu'aimantes, les savants, les philosophes, ne trouvant dans la religion catholique aucun aliment propre à leur esprit, ont *renié* l'Eglise en lui jetant force dédains, mépris et injures. Puis du dédain ils ont passé à la colère, à l'indignation, et frappant à coups redoublés, ils ont démoli le grand édifice pierre par pierre. — D'un autre côté, les natures *plus aimantes* qu'intelligentes, séduites par la *puissance attractive de l'extase*, ont été s'abîmer, se perdre dans le *vide*. — Car aimer Dieu *en dehors de l'humanité*, c'est mépriser et insulter la créature, or, c'est *outrager* Dieu dans sa manifestation.

58. Les instituteurs devront donc se poser comme

loi fondamentale de développer *simultanément* les facultés *aimantes et intelligentes* de chaque enfant.

59. Si l'on veut atteindre ce double résultat, il faut
introduire dans la méthode à suivre un ressort très
puissant, — le *pourquoi*. La méthode Jacotot repose
en partie sur le *pourquoi*; cependant je voudrais qu'on
lui donnât une acception plus large. — Appliquer le
pourquoi aux solutions des grandes questions de l'ordre moral, social et philosophique, et cela dans l'enseignement *journalier* donné aux enfants de la classe
du peuple, serait le moyen de faire marcher l'intelligence humaine à pas de géant.

60. Donc, au lieu de fatiguer la tête de l'enfant en
surchargeant sa mémoire d'une foule de choses inutiles, on s'occuperait uniquement de développer son
entendement par l'étude des *pourquoi*, expliquée en
toutes choses. — Un enfant instruit de cette manière,
à 12 ou 14 ans, pourrait se rendre compte du
pourquoi de tout ce qu'on lui ferait faire, et même
de tout ce qui est, au moins dans une certaine limite.
— Cette méthode des *pourquoi* est tellement supérieure à toutes les autres, qu'il y aurait à cet égard
un traité spécial à faire, et ce traité servirait de *radi-
ment* dans toutes les salles d'étude des palais.

61. Les directeurs de l'éducation s'entendraient avec
les directeurs des travaux d'atelier et d'agriculture,
afin de faire marcher les trois choses *de front*. Il faudrait
consulter les ouvrages de Fourier. La partie où il
traite de l'éducation industrielle des enfants contient
de très bonnes choses. Mettant de côté *son système*,
on prendrait seulement chez lui *tout ce qu'on jugerait
pouvoir être appliqué aux jeunes élèves* du palais de
l'UNION OUVRIERE. On pourrait prendre aussi
dans Owen : sa méthode d'enseignement se rapproche
de celle que je propose (Le Pourquoi).

6*

62. Si l'UNION OUVRIERE veut qu'il sorte de son sein des hommes et des femmes libres, il faut que dans tous les rapports de la vie on enseigne aux enfants à avoir un grand respect de la dignité humaine. C'est en vue de ce respect qu'on doit leur apprendre à ne jamais faire aux autres ni offense ni injure, et à ne jamais souffrir ni la plus petite injustice, ni la plus légère insulte, soit de la part de leurs camarades soit de celle de leurs supérieurs. Afin de rendre ce respect à la dignité de l'être plus frappant, je voudrais que tout dans la maison fût régi par des *lois* et des *réglements écrits*, où *les droits et les devoirs de chacun, seraient définis d'une manière claire et précise.*

63. Ces lois et réglements *imprimés* seraient distribués à *tous* et à *toutes*, afin que tous et toutes n'obéissent qu'à *la loi*, et jamais à la *volonté arbitraire du chef.*

64 Dans aucun cas, aucun individu ne pourrait subir, dans le palais, une *punition dégradante.* Si un enfant ou un vieillard se conduisait mal, il serait *renvoyé* du palais et *ne pourrait y rentrer* (1).

65. Comme tout être qui se respecte et respecte les autres doit le manifester par sa bonne tenue, il serait essentiel d'habituer les enfants à soigner leur personne sous le rapport d'une extrême propreté. Je voudrais qu'on apportât dans les soins donnés à leurs personnes la même sollicitude que dans les soins apportés à la culture de leur intelligence. A force de souffrances, de privations, aujourd'hui la classe du peuple est tout-à-fait rachitique. Eh bien! il faudrait combattre ce rachitisme par tous les moyens dont dispose la Science médicale: l'exercice, la gymnastique, etc., etc. Recevant l'enfant à six ans (on n'en recevrait pas passé cet

_____

(1) On ferait à ce sujet un règlement où la gravité des cas serait déterminée.

âge), il serait temps encore d'opérer sur lui; on soignerait ses dents, ses cheveux , ses pieds ; on redresserait son corps par l'exercice de travaux appropriés à ses forces ; on lui donnerait la nourriture qui conviendrait le mieux à son tempérament. Il faudrait faire de nombreuses *séries*. A ceux-là de la viande, du vin ; à ceux-ci des légumes , des fruits, de l'eau. L'association offre de si grands avantages, que tout ce qui nous paraît *impossible* dans nos ménages morcelés , devient chose facile dans une vaste association.

66. Il sera bon d'adopter un costume qui remplisse à la fois trois conditions essentielles il faut donc : 1° qu'il soit de forme et d'étoffe à ne point *gêner* le développement corporel de l'enfant. Par exemple, les filles ne porteront point de *corsets* ; les garçons point de *bretelles* ni de *cravattes* ; 2° qu'il soit commode pour le travail , et point salissant ; 3° que sa coupe soit élégante et présente un ensemble harmonieux et agréable à l'œil.

67. Quant à l'éducation professionnelle, chaque enfant choisirait le métier pour lequel il se sentira le plus de goût. A part tous les autres travaux qu'on lui ferait faire, il devra être , en sortant du palais, *bon ouvrier* au moins dans *deux métiers*.

68. Afin de l'intéresser aux travaux, dès l'âge de dix ans l'enfant aura *droit à une part* dans les bénéfices des travaux exécutés dans la maison. Cette part *augmentera chaque année*, et fera masse lors de sa sortie à dix-huit ans. La moitié de cette masse lui sera remise en un trousseau confectionné dans la maison, et l'autre moitié en argent.

69. On pourrait peut-être prendre des *pensionnaires* en les soumettant aux mêmes conditions que les enfants de l'union. Depuis six ans jusqu'à dix , ils paierait 300 f. par an, et de dix à dix-huit ils auraient

leur part dans les bénéfices des travaux. De telles conditions offriraient à la classe bourgeoise d'immenses avantages dont elle s'empresserait de profiter pour ses enfants. Les petits rentiers, les petits commerçants, les cultivateurs, les artistes peu fortunés, etc., seraient enchantés de pouvoir placer leurs enfants (avec la certitude qu'ils seraient *bien élevés* et auraient un état) en ne payant pour cela que quatre années de pension. Je jette cette idée en avant parce que je la crois réalisable et susceptible d'être utile à la classe des petits bourgeois, qu'il faut attirer par tous les avantages possibles à la cause de la classe ouvrière; mais ceci, comme le reste, est à l'état d'ébauche et mérite d'être examiné mûrement.

70. Je voudrais aussi, comme acte de haute religiosité, que chaque palais offrît l'hospitalité à douze personnes (six hommes et six femmes) qui auraient pour titre *hôtes du palais.* Le choix de ces hôtes se ferait parmi des vieillards (ils ne pourraient être admis avant 60 ans) artistes, professeurs, savants, écrivains sans ressources. On admettrait de préférence les *étrangers.* Dans toutes les cérémonies les *hôtes* auraient les places d'honneur; cette libéralité serait une *moralité en action*, qui apprendrait aux enfants à respecter le talent jusques dans la pauvreté. La présence de ces douze hôtes, traités avec toutes sortes d'égards et de considération, ferait plus d'impression sur l'esprit des enfants habitués à saluer l'étranger avec vénération, que les belles tirades en vers et en prose débitées par nos poètes et romanciers, sur le respect dû au malheur, au talent, à l'âge, etc.

IX. — Résultats que devra avoir nécessairement cette éducation.

71. Les résultats que doit avoir l'UNION OUVRIÈRE

sont incalculables. Cette union est un *pont* jeté entre la civilisation qui se meurt, et l'ordre social harmonique entrevu par des esprits supérieurs. Pour premier effet, elle opérera *la réhabilitation du travail manuel*, flétrie par des milliers d'années d'esclavage! et ceci est un point capital. Dès l'instant où il n'y aura plus de *déshonneur* à travailler de ses mains, où le travail sera même un fait honorable (1), tous, riches et pauvres *travailleront*, car l'oisiveté est à la fois une torture pour l'homme et la cause de ses maux. Tous travailleront, et par ce fait seul, l'abondance régnera pour tous. Dès lors plus de misère, et la misère cessant, l'ignorance cessera aussi. Qui produit le mal dont nous souffrons aujourd'hui? n'est-ce pas ce monstre à mille têtes, l'ÉGOISME! mais l'égoïsme n'est pas la *cause première*, c'est la *misère* et l'*ignorance* qui *produisent* l'égoïsme.

72. Qu'un paysan ait des prunes en abondance dans son jardin, et que ses voisins aient de même tant de prunes que personne ne se présente pour les acheter, dans ce cas, le paysan se montrera très-charitable; il laissera les *pauvres* du village manger ses prunes. Mais qu'il s'établisse un chemin de fer traversant ledit village, situé à trente lieues de la capitale, et que par ce moyen le paysan puisse porter à peu de frais ses prunes à la halle de Paris, où elles seront vendues 12 fr. le panier, oh! alors notre homme changera de ton avec les *pauvres*. Malheur à celui qui, passant près de l'arbre, *osera ramasser une prune*; ce paysan se mettra jour et nuit à *surveiller sa propriété*; il criera au vol! à *l'attaque* contre ses *droits sacrés!* et

----

(1) Je suis tout à fait de l'opinion de Fourier, qu'il faut trouver le moyen de rendre le travail *attrayant*; — mais je crois qu'avant d'arriver à ce terme, qui est le dernier, il faut d'abord que le travail cesse d'être *déshonorant*.

sans pitié il traduira en police correctionnelle le vieux
mendiant coupable d'avoir *ramassé une prune*. Sans
remords, sans pudeur, il le fera condamner à la prison pour ce vol, parce que cette prune représente
un liard. Voilà un paysan bien égoïste, dira-t-on?
Pas du tout; et la preuve que cet homme n'est pas
né égoïste c'est que, lorsqu'il avait *trop de prunes pour
lui*, il donnait le *superflu* aux pauvres. Que le chemin
de fer se prolonge cent lieues de plus, et qu'il arrive
à Paris des prunes en telle abondance qu'elles ne se
vendent plus que 50 c. le panier, vous verrez le même
paysan *cesser d'être égoïste*, et laisser prendre ses
prunes par les pauvres. La société est exactement
dans la même position que ce paysan, elle est égoïste
parce qu'elle est pauvre en production. Que demain
elle produise de manière à regorger de tout en abondance, et l'égoïsme disparaîtra.

73. Cette immense production si désirable, comme
*l'unique moyen d'extirper les vices que l'égoïsme engen-
dre*, par conséquent de *moraliser les hommes;* cette
grande production ne pourra avoir lieu que lorsque
tous et toutes travailleront de leurs mains, et s'en
glorifieront!

74. Le second résultat et non moins grand qu'amènera
nécessairement l'UNION OUVRIERE sera d'établir
de fait l'égalité réelle entre tous les hommes. — En
effet, dès le jour où les enfants de la classe ouvrière
seront élevés avec soin et qu'on s'appliquera à développer leur intelligence, leurs facultés, leurs forces
physiques, en un mot, tout ce qu'il y a de bon et de
beau dans la nature de l'homme; dès le moment où
par leur instruction, leur talent, leurs bonnes manières, il n'y aura plus entre les enfants du peuple et
ceux de la classe riche aucune différence, je le demande, en quoi pourrait encore consister l'*inégalité?*
En rien, absolument en rien. Alors on ne recon-

naîtra plus qu'*une seule inégalité;* mais celle-là, il nous faut la subir, l'accepter, car c'est Dieu *qui l'a posée.* — A l'un il distribue le génie, l'amour, l'intelligence, l'esprit, la force, la beauté — à l'autre, il dénie tous ces dons, en fait un être stupide, sec de cœur et d'esprit, faible de corps, vilain de forme. Voilà *l'inégalité native* devant laquelle l'orgueil de l'homme doit s'humilier, et cette inégalité-là atteint *indistinctement les fils des rois* et les *fils des esclaves.*

75. Je m'arrête, voulant laisser à mes lecteurs la douce joie d'énumérer eux-mêmes les importants et magnifiques résultats qu'aura indubitablement l'UNION OUVRIERE. Le pays trouvera dans cette institution des éléments d'ordre, de prospérité, de richesse, de moralité et de bonheur tels qu'on peut les désirer.

Résumé des idées contenues dans ce Livre et dont le but est de :

1. CONSTITUER LA CLASSE OUVRIERE au moyen d'une UNION compacte, solide et indissoluble.

2. Faire représenter la classe ouvrière devant la nation par un défenseur choisi par l'UNION OUVRIERE et salarié par elle, afin qu'il soit bien constaté que cette classe a *son droit d'être*, et que les autres classes l'acceptent.

3. Faire reconnaître la *légitimité de la propriété des bras.* (En France, 25 millions de prolétaires n'ont pour toute propriété que *leurs bras*.)

4. Faire reconnaître la légitimité du *droit au travail* pour *tous* et pour *toutes*.

5. Faire reconnaître la légitimité du droit à l'instruction morale, intellectuelle, professionnelle pour *tous* et pour *toutes*.

6. Examiner la possibilité d'*organiser le travail* dans l'état social actuel.

7. Elever dans chaque département des PALAIS DE L'UNION OUVRIERE, où l'on instruira les enfants de la classe ouvrière, intellectuellement et professionnellement, — et où seront admis les ouvriers et ouvrières *blessés en travaillant*, et ceux qui sont infirmes ou vieux.

8. Reconnaître l'urgente nécessité de donner aux *femmes du peuple* une éducation morale, intellectuelle et professionnelle, afin qu'elles deviennent les agents moralisateurs des *hommes du peuple*.

9. Reconnaître, *en principe, l'égalité en droit* de l'homme et de la femme, comme étant l'unique moyen de constituer l'UNITE HUMAINE.

APPEL AUX OUVRIERS.

Ouvriers et Ouvrières,

C'est en votre nom, et en vue de votre bien-être et de votre bonheur commun, que je viens, mes sœurs et mes frères, vous demander votre concours, votre appui pour édifier le premier PALAIS qui doit recevoir vos jeunes enfants, vos pauvres frères blessés en travaillant, et vos vieux pères exténués de fatigues.

Que tous ceux parmi vous qui se sentent dans le cœur un élan d'amour unissent leurs généreux efforts, et coopèrent, chacun selon ses moyens, à la prompte réalisation de cette grande œuvre !

Et vous, Agricol Perdiguier, l'historien et réformateur du compagnonage; vous, Pierre Moreau,

7

le hardi rénovateur du compagnonage ; vous, Gos-
sel, père des forgerons, l'améliorateur du compagnonage ; vous, Vinçard, l'écrivain-poète-chanson-
nier ; vous, Poncy, Savinien Lapointe, Ponty, Du-
quenne, Durand, Rolly, etc., etc.

Vous, Elisa Moreau, Louise Crombach, Antoinette
Quarré, Marie Carpentier, Elisa Fleury, etc.

Vous, rédacteurs de *la Ruche*, de *l'Atelier*, du *Populaire*, de *l'Artisan*, du *Nouveau-Monde*, du *Travail*, etc.

Vous tous enfin, ouvriers-poètes, écrivains, orateurs, musiciens, hommes et femmes d'intelligence
et de bon-vouloir, je vous fais ici un appel solennel.
— Je vous somme, au nom de nos frères divisés et
malheureux, — au nom de l'amour de l'humanité,
— au nom de *vous-mêmes*, — de prêcher en paroles
et en écrits : L'UNION UNIVERSELLE DES OU-
VRIERS ET OUVRIÈRES.

A l'œuvre donc ! à l'œuvre, mes frères. — Le travail sera rude, les difficultés nombreuses ; mais songez à la grandeur du but !... à la grandeur de la récompense !

Par vous, l'UNITÉ HUMAINE CONSTITUÉE.

Conseils aux Ouvriers.

Ouvriers, si vous voulez sortir de l'état de misère où vous êtes — Instruisez-vous.

Ceux qui parmi vous lisent, en général lisent des livres, pitoyables. — Il faut changer de marche : — Au lieu de dépenser votre argent à acheter des *chansons*, des *pittoresques*, des *physiologies*, et un fatras de niaiseries qui ne renferment *aucun enseignement utile*, achetez de *bons livres*.

Mais de bons livres *coûtent cher*, me direz-vous, et nous n'avons pas d'argent. — Unissez-vous, et dès-lors vous serez *riches*.

Si vous voulez monter une petite bibliothèque d'une douzaine de bons ouvrages (et il n'en faut pas *plus*), pourquoi ne formeriez-vous pas de *petites associations ?* — Par exemple, douze, quinze ou vingt ouvriers et ouvrières se connaissant et habitant le même quartier pourraient se *réunir* pour cet objet. — Au moyen d'une *légère cotisation*, les douze ouvrages seraient achetés, et par le fait de l'association, ils *appartiendraient en commun* aux membres associés. — Figurez-vous donc qu'avec L'UNION *on peut faire des miracles !*

Dans le cas où vous accepteriez cette idée, je vais vous signaler les ouvrages qu'il vous serait bon de *lire et relire chaque dimanche*, d'*étudier*, de *commenter*, de *discuter* entre vous, en un mot de *connaître à fond*, absolument comme les juifs connaissent leur *Bible*, et les catholiques *leurs livres de messe*. — En France, on procède avec tant de légèreté, qu'on entend des gens vous dire : — « J'ai parcouru ce livre, *je le connais*. » — C'est cette outre-cuidance ridicule qui fait que les Français *savent tout et ne connaissent rien*.

Je placerai en tête de la liste l'ouvrage d'Eugène BURET : *De la misère des classes laborieuses en Angleterre et en France.* — Vous trouverez dans cet ouvrage un tableau *effrayant*, mais *exact*, de la misère et de l'abaissement moral où la classe ouvrière est tombée en Angleterre et en France. Bien que ce livre soit *très douloureux* à lire, pourtant il faut en avoir le *courage*, car *il est essentiel* que vous connaissiez au juste quelle est votre position, autrement vous ne ferez aucun effort pour en sortir. — Etudiez de même l'ouvrage de M. FRÉGIER : *des Classes dangereuses dans la ville de Paris;* — Celui de M. VILLERMÉ : *des Prisons de France;* — Celui de PARENT DUCHATELET : *de la Prostitution dans la ville de Paris;* — Celui de M. Gustave de BEAUMONT : *l'Irlande religieuse, morale et politique.* — Enfin, mettant ici toute fausse modestie de côté, je me permettrai de vous indiquer mes *Promenades dans Londres.* — J'ai fait ce livre pour *instruire les ouvriers,* il est donc tout naturel que je désire vivement le voir pénétrer dans les classes ouvrières. — Vous achèterez aussi le petit livre de M. Louis BLANC : *l'Organisation du travail;* — *la Célébration du dimanche,* par M. PROUDHON; — l'ouvrage d'Adolphe BOYER : *de l'État des ouvriers;* — le livre du *Compagnonage,* d'Agricol PERDIGUIER;… la petite brochure de GOSSET, aussi sur la même question; — le second ouvrage de P. MOREAU : *de la Réforme, des Abus du Compagnonage, et de l'Amélioration du sort des travailleurs* (1).

(1) A mon grand regret, je ne puis indiquer ici comme pouvant convenir aux ouvriers aucun ouvrage de *Fourier,* ni de l'*École sociétaire.* Jusqu'à présent la doctrine de FOURIER n'a pas été mise à la portée du peuple ; ce serait une grande œuvre à faire. — Espérons que les hommes qui sont à la tête de l'École sociétaire comprendront enfin *l'urgence* et l'absolue nécessité de *vulgariser la science de leur maître;* — selon moi, elle ne peut avoir de vie et de puissance qu'à cette condition.

AUX BOURGEOIS.

Dans un temps d'égoïsme et d'aveuglement comme celui où nous vivons, lorsqu'on vient réclamer des droits *pour la classe la plus nombreuse*, on ne saurait prendre trop de précautions pour se mettre à l'abri des calomnies et des attaques violentes des gens inintelligents ou des méchants.—C'est pourquoi j'ai jugé sage et prudent d'adresser ici quelques mots à Messieurs de la bourgeoisie. — Je veux qu'ils sachent bien que je ne suis pas une *révolutionnaire*, une *anarchiste*, une *sanguinaire*. (Je fais grâce à mes lecteurs de la kyrielle d'épithètes plus ou moins effrayantes dont certains bourgeois ont la ridicule habitude de se servir en pareille circonstance.)

Mais avant de me *disculper* des absurdes accusations que je m'attends à recevoir (1), je dois dire que je fais parmi les bourgeois deux catégories.

(1) M. *Pagnerre* et les *amis du peuple* ne sont pas les seuls qui agissent *contradictoirement à leur réputation*. Un recueil qui a pris pour titre : *Revue indépendante*, devait, il semble, quand il s'agit d'une question grave, se montrer tout-à-fait *indépendant*; je pensais donc que, conséquent avec le titre de sa publication, le directeur serait *assez indépendant* pour insérer dans son recueil, ainsi que l'a fait *la Phalange* (voir les numéros du 29 et 31 mars 1843), un chapitre de mon ouvrage. J'écrivis donc au directeur de la *Revue indépendante*, M. Pernet, pour le prier de donner un extrait du travail que j'allais publier. Mais quelle fut ma surprise, ma stupéfaction! Le directeur de la *Revue indépendante* m'accusait dans sa réponse d'être une *révolutionnaire*, de

Aujourd'hui la bourgeoisie se partage en deux camps bien distincts.—D'un côté sont les *sourds* et les *aveugles*, on pourrait même ajouter les *culs-de-jatte;* car, de même qu'au temps de Jésus, ils ont des yeux et *ne voient pas;* des oreilles et *n'entendent pas;* des jambes

vouloir *stipendier des défenseurs pour renverser le gouvernement,* etc., etc.

Le *Journal des Débats,* dans ses jours de boutades les plus furibondes contre les *anarchistes,* ne m'en aurait pas dit davantage. Je le demande, que penser de semblables accusations venant de la part du directeur du *seul recueil démocratique* qui nous reste. — C'est à n'y plus rien comprendre. — Je me vois forcée, pour mettre ma véracité à couvert, de donner ici un passage de cette étrange lettre :

« ...... Votre projet d'union n'est pas autre chose au fond qu'une *association politique.* Se cotiser pour stipendier des défenseurs qui doivent demander le renversement de l'ordre économique actuel, se cotiser et s'associer pour fournir à tous les moyens d'une propagande révolutionnaire par la *presse,* l'*éducation,* et la *prédication,* n'est-ce pas faire de la politique et de l'agitation, et tout ce que vous voudrez contre le gouvernement établi? Commencez par abolir la loi sur les associations et vous pourrez mettre en avant votre projet d'union. Jusque là il me semble que tout projet de ce genre, quelque excellent, quelque réalisable que vous le démontriez, ne sera qu'une utopie. Le gouvernement a fait poursuivre l'association toute commerciale des ouvriers rubaniers de St-Etienne, à fortiori ne laisserait-il pas se former une association qui, par son but et son importance, le menacerait bien davantage. »

Cette lettre était de nature à me donner de vives inquiétudes sur la manière dont mon idée allait être comprise. — Si le directeur de la *Revue indépendante,* c'est-à-dire l'expression *la plus avancée* de notre époque (toujours d'après l'étiquette), m'accusait d'être une *anarchiste,* bon Dieu! qu'allaient donc dire les *conservateurs-bornes?*... La lettre de M. Pernet me fit comprendre que je devais expliquer franchement et clairement mes intentions, et ce sont ces inconcevables imputations du directeur de la *Revue indépendante* qui me déterminent à adresser *une allocution à la bourgeoisie.*

et *ne marchent pas.* Dans ce camp, les *sourds* n'entendent pas cette grande voix humanitaire qui crie sur tous les tons ; que les temps sont venus où il ne doit plus y avoir de *réprouvés sur la terre,* où chaque individu, dès son entrée dans la vie, doit avoir, comme membre de la grande famille humaine, *sa place au banquet social.*—Dans ce camp, les *aveugles* ne voient pas le grand mouvement qui s'opère *de bas en haut.*— Dans ce camp, les *culs-de-jatte* se momifient dans leur immobilité absolue, laissant aller les autres *en avant,* sans s'apercevoir qu'ils restent *en arrière.*—Tous ces pauvres infirmes sont comme des *traînards* qu'un corps d'armée abandonne, parce qu'ils gênent et entravent la marche.

De l'autre côté se trouvent les bourgeois *intelligents.* Je nommerai ceux-ci les *voyants.* — Dans le camp des *voyants,* on entend avec émotion, avec amour, vibrer la grande voix humanitaire qui crie : — *Frères, place pour nous !* — Dans le camp des *voyants,* on aperçoit distinctement le grand mouvement ascensionnel des classes inférieures qui s'élèvent graduellement, d'échelon en échelon, au bien-être et à la liberté. On suit cette marche avec intérêt et sollicitude. —Chez les *voyants,* on est en marche incessante ; on marche *par la pensée,* on marche *par le travail,* on marche *par les élans d'une sympathie généreuse.*

Ce sont ces *bourgeois voyants* qui forment aujourd'hui la partie rationnelle, sage et forte de la nation. Si malheureusement il arrive, comme on doit le redouter, que les *aveugles,* à force de faire des *bévues,* compromettent les intérêts de la nation, le pays trouvera dans le camp des *voyants* des hommes intelligents, bons, fermes et capables de sauver encore une fois la France.

Ce n'est donc pas aux *voyants* que je m'adresse ici ; ce serait leur faire injure. D'ailleurs, *j'appartiens moi-même à ce camp.* — Notre devise est celle-ci : *l'ordre, le respect à toute espèce de propriété; justice pour tous; richesse et prospérité générale du pays.*

Cela dit, je prie les bourgeois *sourds,* avant de dénaturer et calomnier mes intentions, de vouloir bien réflé-

chir mûrement, s'il est possible, à l'idée que j'apporte.
Voici nettement le fond de ma pensée :

Par instinct, par religion, par système, j'aime et je
veux la justice. — J'aime et je veux l'ordre. — L'amour,
qui émane du Créateur et qui vivifie l'âme de toute créature, cet amour me fait comprendre la solidarité qui
unit l'individu au tout. Je veux la justice pour tous,
parce que de la justice naît l'ordre général, et que de
l'ordre général naît le bien-être, la richesse, la sécurité,
l'activité féconde; or, c'est là le bonheur.

C'est uniquement en vue de *l'ordre,* que je veux que
la classe ouvrière réclame *son droit au travail* et *son
droit à l'instruction* morale et professionnelle, parce
que du degré d'instruction de cette classe dépend nécessairement une augmentation dans les produits, et du
travail de la classe la plus nombreuse dépend évidemment la richesse et la prospérité du pays. — Je veux
que la classe ouvrière réclame *au nom du droit,* afin
qu'elle n'ait plus aucun prétexte de réclamer *au nom
de la force.*

Par instinct, par religion, par système, je proteste
contre tout ce qui émane de la *force brutale,* et je ne
veux pas que la société soit exposée à souffrir de la force
brutale laissée entre les mains du peuple, pas plus que
je ne veux qu'elle ait à souffrir de la force brutale placée entre les mains du pouvoir. Dans l'un et l'autre
cas il y aurait injustice, et conséquemment désordre.

Si on refuse d'accorder au peuple le *droit à l'instruction et le droit au travail,* qu'arrivera-t-il? Que ce peuple, aigri par la souffrance, *exalté par des lectures qui
lui montrent l'horreur de sa position sans lui indiquer
aucun moyen d'en sortir* (1), deviendra de plus en plus
brute, grossier, vicieux et méchant. Dans cet état, le
peuple sera pour les classes riches un *ennemi redoutable,* et la sécurité générale, la prospérité du pays seront constamment menacées. — Qui oserait songer sans

(1) Les ouvrages de M. de Lamennais, et tant d'autres dans le
même ordre d'idées.

effroi à la perturbation effroyable qui peut résulter pour le pays de la haine et de l'animosité de dix à douze millions d'ouvriers sans instruction, sans direction morale, sans *garantie de travail* ? — Abandonnés ainsi, les ouvriers deviennent dans la société française un corps formidable dont pourrait disposer le premier intrigant politique qui voudrait troubler l'ordre; et, de même que les esclaves dans la société romaine, les ouvriers iraient toujours se ranger sous l'étendard du Catilina qui attaquerait la société.

Oui, je demande que la classe ouvrière *se constitue en corps*, se fasse représenter à la Chambre, et quoique certains esprits rétrogrades puissent trouver cette mesure *très révolutionnaire*, je soutiens, et je vais le prouver, que c'est au contraire une mesure d'*ordre*.

Souffrants, abandonnés et sans guide, les ouvriers sont exactement dans la position d'un homme atteint d'une grave maladie et sans médecin pour le soigner. Dans cette cruelle situation, le malade s'inquiète, s'agite, et prend au hasard tous les remèdes que le premier charlatan passant dans la rue vient lui offrir.—Ces remèdes, au lieu de le soulager, aggravent encore son mal, et plus il est souffrant et affaibli, plus il se présente de charlatans qui veulent lui faire prendre leurs drogues.—Eh bien ! le peuple est absolument dans la situation de ce malade. Si on lui refuse de choisir, *pour défendre ses intérêts et réclamer ses droits*, un *défenseur légal*, homme probe, dévoué et consciencieux, qu'arrivera-t-il? —Que les intrigants de tous les partis iront lui proposer de le défendre, et comme on ne pourra agir légalement et au grand jour, on formera des *sociétés secrètes*, où, comme nous l'avons vu depuis 1830, les ouvriers membres de ces sociétés, au lieu de s'occuper des véritables intérêts du peuple, sont *dupes* et *victimes* de quelques *meneurs politiques*.— Dans ces sociétés on ourdit des complots, des conspirations, des émeutes, des assassinats.—La tranquillité publique est troublée, la prospérité du pays est en souffrance; le pouvoir s'effraye, et, agissant sous l'impression de la peur, il fait des lois de *terreur* qui aggravent encore le mal. — Alors il y a des deux côtés *brutalité, injustice.* — De là naît le désordre, la souffrance, la misère, la douleur *pour tous.* — Ceci est l'exposé de ce qui s'est passé depuis 89. — Supposons maintenant qu'on accorde au peuple ce que je demande pour lui : un défenseur ; dès ce moment, plus de sociétés secrètes, plus d'émeutes. Aussitôt que le peuple sait qu'un homme honorable s'est chargé de le défendre et qu'il s'en occupe activement, il attend avec patience et devient calme (1).

Demander un défenseur pour la classe ouvrière, c'est vouloir remplacer les charlatans *anonymes* par un médecin de la faculté, portant un nom célèbre ; c'est vouloir substituer le *droit* au règne de *la force brutale.* — Accorder à la classe ouvrière le droit de choisir parmi les hommes honorables un défenseur digne de sa cause, ce serait faire un acte de *prudence* et *d'ordre.* Le directeur de *la Revue Indépendante* reviendra, je pense, d'une opinion conçue légèrement, ou du moins il sera le seul, je l'espère, à envisager le défenseur de L'UNION OUVRIÈRE comme un *stipendié* dont la mission serait tout simplement de *renverser le gouvernement.* — Si M. Pernet appartenait aux *voyants,* il comprendrait que les ouvriers *ne trouveraient aucun avantage dans le renversement du gouvernement.* — Depuis 89 on a *renversé bien des gouvernements,* et qu'ont gagné les ouvriers à ces révolutions ? N'est-ce pas toujours à leurs dépens qu'elles se sont faites ? — Ne sont-ce pas *eux qui se battent ?* Ne sont-ce pas *eux que l'on tue ?* — Puis à

---

(1) Voyez dans l'ouvrage de M. G. de Beaumont sur l'Irlande ce qu'il rapporte à ce sujet. Avant qu'O'Connell eût pris la défense de la cause irlandaise, il y avait en Irlande des révolutions *tous les six mois,* et à chaque révolution le gouvernement anglais, agissant par réaction, resserrait encore davantage les chaînes du malheureux peuple ; de manière que les efforts qu'il faisait, à l'aide de la force brutale, pour sortir de l'esclavage, l'y replongeaient plus violemment que jamais.

la mêlée, succède le désordre ; les capitaux se retirent, le commerce ne va plus, les travaux manquent, et l'ouvrier meurt de faim. Bel avantage pour lui que de faire des révolutions ! — Non, Messieurs, non je ne veux pas que les ouvriers *stipendient* un agent *révolutionnaire*, un *perturbateur de l'ordre public* ; bien loin de là, ce que je veux, c'est qu'ils paient largement un homme de cœur et de talent, qui ait pour mission d'*empêcher les révolutions, parce que les révolutions sont contraires à la liberté et aux vrais intérêts du peuple*.

Je viens d'exprimer ici l'exacte vérité sur mes sentiments ; maintenant, s'il plaît aux *sourds* et aux *aveugles* de crier *au scandale contre mes doctrines révolutionnaires*, alors il ne me restera plus qu'à dire : — « Mon Dieu, pardonnez-leur, car ils ne savent ce qu'ils font. »

FIN.

J'avais demandé à M. Poncy un chant : il me l'envoya, et la lettre qui l'accompagnait ajoute un nouveau mérite à ce précieux don. — Elle prouve que le poète est *réellement un ouvrier maçon*, et que l'ouvrier maçon *est un grand poète.*

Madame,

Je vous demande bien pardon d'avoir mis un si long retard à vous répondre. Mais je travaille à trois lieues de la ville, sur une île où nous bâtissons un lazaret. Là, je vis loin de toute littérature, de toute politique, de toute actualité. Je vis avec quelques Génois, le ciel et la mer. Voilà tout. Ajoutez à cela que je travaille tout le jour comme un damné, et que le travail des bras ne me laisse que les très courts loisirs du soir à consacrer à mes travaux littéraires, heureux que je suis lorsque le sommeil ne s'en empare pas. Mes lettres ne m'y parviennent qu'avec les bateaux chargés de matériaux, souvent plus de quinze jours après leur arrivée à Toulon. C'est ce qui est arrivé à la vôtre. — Voici mon travail ; je suis persuadé d'avance qu'il ne vous plaira pas. Ce n'est pas un *chant* que vous attendiez de moi, c'était une chanson : la *Marseillaise* de l'UNION OUVRIÈRE. Je ne sais pas faire les chansons. Quand j'ai essayé, j'ai fait des vers tiraillés, et la chute des couplets était ridicule. Vinçard vous aurait fait mille fois mieux que moi ce chant d'Union. Néanmoins, j'ai voulu vous prouver ma bonne volonté à être agréable à vous et utile à mes frères.

L'UNION.

Au peuple.

Mes frères, il est temps que les haines s'oublient ;
Que sous un seul drapeau les peuples se rallient !
Le chemin du salut va pour nous s'aplanir.
La grande liberté que l'humanité rêve,
Comme un nouveau soleil, radieuse, se lève
      Sur l'horizon de l'avenir.

Afin que ce soleil de clarté nous inonde ;
Afin que chaque jour son feu divin féconde
Nos cœurs, où l'Eternel sema la vérité.
Il nous faut achever l'œuvre que Dieu commence ;
Il faut que nos sueurs et notre amour immense
      Enfantent la fraternité !

Il faut que l'UNION entretienne la flamme ;
O peuple ! arbore aux yeux de tous son oriflamme !
Voilà ton étendard, ta seule déité.
. . . .
Sois uni. L'UNION te donnera la force,
      Et la force, la liberté.

L'UNION, l'harmonie, ici-bas tout vient d'elles !
O mes frères, voyez les pauvres hirondelles,
Sur l'aile du printemps revenir vers nos cieux !
Voyez combien d'amour ces doux oiseaux contiennent,
Pour que sur l'Océan ensemble ils se soutiennent,
    Quand la tempête fond sur eux !

Qu'importent les éclairs, la hache et les tonnerres,
A ces grands bois peuplés de chênes centenaires ?
Sur leurs troncs resserrés se brisent les autans ;
Et ces vastes forêts, vieilles comme le monde,
Défiant des hivers le vent qui les émonde,
    Reverdissent chaque printemps.

Voyez, quand la mer veut reculer ses rivages !
Elle évoque des flots les escadrons sauvages ;
Les flots, à son appel, accourent le front haut,
Sur la sombre falaise ils tombent tous ensemble,
Et sous leur choc puissant la chaîne des rocs tremble
    Et s'écroule au second assaut.

Voyez encor les fleurs, les pauvres fleurs des plaines,
De miel et de parfums leurs corolles sont pleines ;
Leur calice vit d'air, de rosée et d'amour.
Longtemps sur leurs fronts purs rayonne une auréole,
Tandis que toute fleur, qui de ses sœurs s'isole,
    Naît et meurt, flétrie en un jour.

O mes frères ! suivons ces sublimes modèles.
Unissons nos efforts comme les hirondelles,
Comme les bois, les flots, comme les pauvres fleurs ;
Unissons nos esquifs pour traverser la vie,
Cette mer orageuse où toute âme est suivie
    D'un long cortège de douleurs.

Que nos cœurs, éclairés par ces puissants exemples,
Adorent l'UNION et deviennent ses temples !
Le peuple vient d'atteindre enfin sa puberté.
Les droits qu'on lui ravit sont encore à reprendre ;
Mais la SAINTE-UNION est là pour tout nous rendre :
   Gloire, bonheur et liberté !

Frères, entonnons tous l'hymne de la concorde,
A nos chants inspirés que toute voix s'accorde,
Nos glorieux efforts par Dieu seront bénis.
Des plaines du couchant jusqu'à celles de l'aube,
Mille échos répondront des quatre angles du globe :
   Soyons unis ! Soyons unis !

CH. PONCY, Ouvrier Maçon.

—

Plusieurs pièces de vers et la *Marseillaise de l'Union ouvrière* m'ont été envoyées par des ouvriers, des *étudiants* et des *femmes.*

Je donne ici les deux chants ayant obtenu la majorité des suffrages.

J'avais fait aussi un appel aux compositeurs, et on ouvrit à cet effet un concours. — Toutes les compositions envoyées furent soumises à un jury musical. — La composition de M. A. Thys ayant obtenu la majorité des suffrages, le prix lui a été décerné.

Ce prix est une médaille d'or offerte par M. Eugène Sue.

LA MARSEILLAISE DE L'ATELIER.

Musique de A. THYS.

BASSES ET TÉNORS.

Maestoso.

Ra-meaux du chê-ne po-pu-laire Pour croître u-nis-sons nos ef-forts Sous l'ou-ra-gan de la mi-sè-re U-nis-sons - - nous pour ê-tre forts. La plus no - - - ble tê-te Flé-chit bien-tôt sous un ciel en cour-roux. Pour nous le - -ver en bra-vant la tem-

LES BASSES SEULES.

cres.

Pour nous le - ver en bra-vant la tempê-te U-nis-sons- - - - - - nous u - nissons-

pê -te   U-nis-sons-nous

- - - - - - - - nous Pour nous le -

U - nis - sons-nous pour nous le -

cres.   ff

ver en bravant la tem - pê - te U-nis - sons-

cres.   ff

ver en bra-vant la tem - pê - te U-nis-sons-

nous U - nis - sons - --nous.

nous U --nis - sons - - nous.

La Marseillaise de l'Atelier.

AUX OUVRIERS.

Rameaux du chêne populaire,
Pour croître unissons nos efforts :
Sous l'ouragan de la misère
Soyons unis pour être forts.
　　La plus noble tête
Fléchit bientôt sous un ciel en courroux ;
Pour nous lever en bravant la tempête,　　} *(Bis.)*
　　Unissons-nous, unissons-nous !

Sans une tête intelligente
Tout grand corps périrait sans voix :
Qu'un homme à la voix éloquente
Vienne donc réclamer nos droits !
　　A l'orgueil qui gronde
Il répondra sans ployer les genoux :
Pour enfanter le député du monde,　　} *(Bis.)*
　　Unissons-nous, unissons-nous !

D'autres ont de l'or en partage,
Des noms, des blasons, des contrats :
Le travail est notre héritage,
Et nos titres ce sont nos bras.
　　Tous ont droit de vivre :
Car la nature offre la vie à tous :
Mais pour qu'enfin le travail nous délivre,　　} *(Bis.)*
　　Unissons-nous, unissons-nous !

Au monde entier faisons l'aumône :
L'amour est pour nous un trésor.
Et sans ébranler aucun trône,
De nos liards faisons de l'or.
Chacun notre pierre,
Et le palais s'agrandira pour tous,
Dotons d'espoir la famille ouvrière,
Unissons-nous, unissons-nous ! { (Bis.)

Vous, qu'outrage une ardeur brutale,
Vos droits régneront à leur tour,
Nous rendrons votre part égale,
A nos cœurs vous rendrez l'amour.
Votre choix est libre,
Femmes, nos sœurs, votre cœur est à vous.
Fondons l'hymen sur un juste équilibre,
Unissons-nous, unissons-nous ! { (Bis.)

Ainsi parle une voix nouvelle,
A qui nos cœurs se sont ouverts ;
Et l'humanité qu'elle appelle
S'éveille et rougit de ses fers.
Mais rejetons le glaive...
La paix renaît, le ciel devient plus doux...
Pour saluer le grand jour qui se lève,
Unissons-nous, unissons-nous ! { (Bis.)

GALLINOVE, *peintre.*

La Marseillaise de l'Union ouvrière.

Gloire au travail, gloire à l'amour
Par qui tous les hommes sont frères,
Et que le ciel hâte le jour
De nos franchises ouvrières !
Unissons-nous ; dans l'unité
Disparaîtra notre servage,
Et de peuple déshérité
Nous renaîtrons en peuple sage !

Vieux drapeaux, agités par les vents du hasard,
Cédez à l'unité qui fonde,
Et vous, esprit du Christ, sous le même étendard
Ralliez les soldats du monde !

Surgissez, noble défenseur,
Frère puissant et magnanime,
Vous qui serez, tribun sans peur,
Parler la foi qui nous anime !
Interprète de nos cent voix,
A la tribune de la France
Montez : en réclamant nos droits,
Eternisez votre éloquence !

Vieux drapeaux, etc.

Dormez au sein des vanités,
Thésauriseurs de la puissance,
Sans attaquer vos libertés,
Nous proclamons notre alliance !
Allez ! Vos palais fastueux
N'auront pas l'éclat de la pierre
Des monuments majestueux,
Palais de la classe ouvrière !

Vieux drapeaux, etc.

Tous nos droits d'hommes sont les vôtres,
O mères de l'humanité,
Il faut à vos fronts comme aux nôtres
Le soleil de l'égalité !
A cet astre d'un nouveau monde
Fixez vos regards triomphants,
O femmes, le sang qui féconde
Est avoué par vos enfants !

Vieux drapeaux, agités par les vents du hasard,
Cédez à l'unité qui fonde,
Et vous, esprit du Christ, sous le même étendard,
Ralliez les soldats du monde !

LÉCLAIR, étudiant.

PROJET D'UN JOURNAL HEBDOMADAIRE,

DESTINÉ PARTICULIÈREMENT AUX OUVRIERS (1).

Plus j'étudie la classe ouvrière et recherche la *cause* de ses maux, plus je reste convaincue que, dans l'ordre moral comme dans l'ordre matériel, le mal provient *uniquement* de l'IGNORANCE où elle est plongée. — Il faut donc à tout prix tirer la classe ouvrière de cet état d'ignorance, à moins qu'on ne veuille risquer l'avenir du pays.

Pour combattre l'ennemi (l'ignorance), un des moyens les plus efficaces serait de créer un organe rédigé par des hommes de cœur et d'intelligence, ayant l'amour de la justice et par conséquent de leurs semblables. — J'en ai la certitude, on trouverait encore des âmes généreuses pour travailler avec ardeur et conscience à une telle œuvre!

Le journal dont j'ai conçu l'idée aurait pour but : 1° De représenter et d'instruire sur ses droits, ses devoirs et ses intérêts la partie la plus nombreuse, la plus utile, la plus forte et la plus importante de la nation. (Trente millions de prolétaires sur quatre, au plus, de propriétaires.)

2° De faire connaître les souffrances, les besoins, les intérêts de ces trente millions de prolétaires, et cela uniquement en vue de l'amélioration et du bonheur de *tous* et *toutes*, riches et pauvres ;

3° De réclamer pour les trente millions de prolétaires, toujours dans l'intérêt général du pays, et dans la forme pacifique et légale, des droits sociaux et politiques.

La classe prolétaire, c'est-à-dire, en *réalité la nation*, a été jusqu'ici tellement abandonnée, tellement dédaignée, et est restée tellement *nulle* dans le *mouvement politique et social* qu'elle n'a eu encore aucun organe sérieux, spécial, ayant mission *de la représenter*, de réclamer ses droits et de défendre ses intérêts.—Je crois que le jour est venu où cette classe doit enfin créer un organe digne de la représenter.

Manquant d'espace, je ne puis entrer ici dans aucun détail. Je me bornerai donc à donner le titre du journal. Pour ceux qui savent saisir tout un ordre d'idées dans une simple formule, ce titre et les épigraphes suffiront pour leur faire comprendre parfaitement l'esprit dans lequel je voudrais que cette feuille fût rédigée.

(1) Les ouvriers et ouvrières, les commis marchands, les employés dans certaines administrations, et beaucoup d'autres classes de travailleurs, n'ont pas le temps de lire un journal quotidien. Pour cette classe, il faut donc un journal paraissant le samedi soir, afin qu'elle puisse le lire le dimanche, le lundi et pendant la semaine aux heures des repas.

PARAISSANT

L'union fait la force.

UN

UNITÉ HUMAINE, SOCIALE ET
POLITIQUE.
ÉGALITÉ ENTRE L'HOMME ET LA
FEMME,

L'UNION

Richesse pour tous et toutes.
Réalisation de l'égalité, de la liberté
et de la justice.

JOURNAL DES DR

ET DES INTÉRÊTS DE

Un an, 15 fr. Six mois, 7 fr. Trois mois,
3 fr. 50 c.

On s'

E DIMANCHE.

TÉ. **Frères, unissons-nous.**

UVRIÈRE

DROIT AU TRAVAIL.
DROIT A L'INSTRUCTION POUR
TOUS ET TOUTES.

TS, DES DEVOIRS,

TOUS ET DE TOUTES.

Organisation du travail.
Rétribution équitable du travail, du
talent, du capital.

---

nne, etc.

Annonces, etc.

Pour qu'on ait une idée bien précise de l'importance des questions que je me propose de traiter, et de l'ordre dans lequel elles seraient placées, je donne ici un *sommaire analytique* des matières qui se trouveraient, à quelques variantes près, dans chaque numéro :

1° *Des intérêts généraux* (c'est-à-dire des intérêts internationaux européens et du monde entier ; des intérêts des gouvernements et des peuples, des riches et des pauvres, etc., etc., — démontrant clairement l'étroite solidarité qui existe entre les intérêts généraux et les intérêts particuliers des nations, des gouvernements, des classes et des individus). — 2° *Des droits et des devoirs des gouvernements et des peuples, des riches et des pauvres* (toujours en vue du bien-être de *tous*). — 3° *Des doctrines religieuses morales et philosophiques* (envisagées sous ce triple rapport : quelles améliorations peuvent-elles opérer dans les mœurs des peuples ? dans leur bien-être matériel et leur bonheur). — 4° *De l'égalité de droits entre l'homme et la femme* (démontrant qu'il ne peut y avoir pour l'homme ni *liberté*, ni *sécurité*, ni *dignité*, ni *bonheur* possible, tant que cette égalité ne sera pas reconnue par la loi).— 5° *Éducation* (prouvant que jusqu'ici l'humanité n'a pas eu encore d'éducation). 6° *Revue des journaux* (faite de manière à épargner la fatigue de les lire, et pourtant à tenir le lecteur au courant de tout ce qui s'est fait et dit dans la semaine, tant à l'intérieur qu'à l'extérieur). — 7° *Nouvelles diverses et tribunaux* (faisant ressortir des faits un enseignement utile). — 8° *Indication de travaux, d'émigrations, d'emplois, demandes d'ouvrages et demandes d'ouvriers* — (toutes choses qu'il est important aux ouvriers de tous les pays de connaître.— Nous avons à ce sujet un *plan spécial*, qui offrira aux ouvriers et aux maîtres de grands avantages). — 9° *Amusements* (des fables, des contes, des chansons, des scènes dramatiques dialoguées, des proverbes, le tout contenant un *enseignement.*)

Chaque mois, un feuilleton faisant connaître les ouvrages remarquables et les pièces de théâtre ayant un but social. On rendra compte des découvertes scientifiques, industrielles et autres, dont l'utilité sera manifeste.

LA PARTIE FINANCIÈRE.

Aujourd'hui pour fonder un journal avec chance de succès, il faut, selon moi, réunir trois conditions indispensables. — 1° Avoir une idée, un but bien déterminé et grouper autour de ce but, les intérêts moraux, intellectuels et matériels de la *majorité* de la nation. — 2° Attirer au journal, par la noblesse de son but, des rédacteurs probes, courageux, assez énergiques pour entrer franchement dans la voie du progrès, abordant de front les questions de l'ordre social les plus *avancées* et ne craignant pas de donner sur ces questions des solutions claires et précises. — 3° De l'argent, non versé par un *seul bailleur de fonds*, mais de l'argent fourni par des milliers de personnes coopérant à l'œuvre en devenant chacune, en raison de son petit apport, *propriétaire intéressée* à la réussite du journal.

L'UNION OUVRIÈRE posséderait déjà les deux premières conditions, — car elle aurait l'*idée*, le *but*, et trouverait facilement des rédacteurs tels qu'il le faudrait. — Il ne lui manque donc plus que la troisième condition : l'argent, moteur indispensable dans toutes les entreprises.

Si les prolétaires, petits bourgeois et ouvriers, comprenaient bien qu'il y va de leurs *propres intérêts* à ce que leur *existence de citoyens* soit enfin *représentée*, leurs droits *d'hommes* soient enfin *discutés* et *réclamés*, par des écrivains sérieux, honnêtes et dignes, je n'en doute pas, chacun comprenant l'importance de l'œuvre, s'empresserait d'y concourir, et dès lors l'argent nécessaire à la fondation d'un journal tel que celui-ci se trouverait en quelques semaines. — Mais hélas ! personne aujourd'hui, dans la société, soit propriétaire, soit prolétaire, ne comprend ses *véritables* intérêts.

Cherchant à avoir le plus d'actionnaires possible, je pense qu'on pourrait créer une série d'actions ainsi divisées. — 1re : 500 fr. — 2e : 250 fr. — 3e : 100 fr. — 4e : 50 fr. — 5e : 25 fr. — 6e : 15 fr. — 7e : 10 fr. — 8e : 5 fr. — D'après ce mode, le prix des actions se trouverait à la portée de toutes les bourses, depuis celle des riches, pouvant prendre une action de 500 fr., jusqu'à celle du pauvre ouvrier, pouvant atteindre à une action de 5 fr.

Les actions porteront intérêt à 4 pour 100, et le dividende selon les bénéfices viendra ajouter au revenu.

Le prix de l'abonnement serait de 15 fr. par an. — Les ouvriers du même atelier et du même voisinage pourront *s'associer* 3, 4, 5 et 6 pour prendre un abonnement, ce qui serait pour chacun une très petite dépense.

Je jette ici l'idée de ce journal sans en espérer la réalisation ; cependant il ne faut désespérer de rien ; ce que les hommes ont repoussé hier, ne comprennent pas aujourd'hui, demain, peut-être ils l'accepteront, et se mettront à l'œuvre pour réaliser une chose toute simple, qui, pendant des siècles, aura été réputé *utopie* et *impossible*.

TABLE DES MATIÈRES

Imprimerie de WORMS et Cie, boulevart Pigale, 46.

Défauts constatés sur le document original

Contraste insuffisant ou différent, mauvaise qualité d'impression

Under-contrast or different, bad printing quality

www.ingramcontent.com/pod-product-compliance
Lightning Source LLC
Chambersburg PA
CBHW072242270326
41930CB00010B/2233